なんでも

「学べる学校図書館」をつくる❷

ブックカタログ＆データ集
~中学生2,000人の探究学習とフィールドワーク~

もくじ

はじめに……………………………………………………………… 4

清教学園の学校図書館リブラリアと探究学習……………… 6

第1部 卒業研究とフィールドワーク その全体像と意義 …………… 7

卒業研究の道のりとフィールドワーク……………………… 8

探究学習の中のフィールドワークの意義…………………… 10

フィールドワークの段取り どうやって現場に立てばよいのか … 12

生徒はどんなフィールドワークに挑戦したのか ………… 14

第2部 人気テーマ50とブックカタログ ………… 15

ブックカタログ ページの見方 ………………………… 16

ファッション…18 ディズニーランド…20 時計…22 キャビンアテンダント…24 文房具…26 温泉…28 自転車…30 ゲーム…32 バスケットボール…34 きのこ…36 コーヒー…38 盲導犬…40 認知症…42 城…44 自衛隊…46 株式投資…48 チーズ…50 スポーツ栄養学…52 宝石…54 忍者…56 将棋…58 すし…60 目…62 ユニバーサルデザイン…64 獣医…66 コウモリ…68 キャラクター…70 イルカ…72 ピアノ…74 お金…76 声優…78 肌…80 吹奏楽…82 結婚…84 靴…86 香水…88 遺伝子…90 クラゲ…92 新選組…94 ホタル…96 古墳…98 化粧…100 グリム童話…102 タバコ…104 バレンタインデー…106 インフルエンザ…108 バレエ…110 SNS依存…112 トランペット…114 月…116

分類順書籍索引 …………………………………………………… 118

コラム 卒業研究を支えるICT …………………………… 124

第3部 フィールドワークの指導と実際 …………………… 125

フィールドワークの計画書を書く………………………………… 126

取材申し込みの手紙を書く―「型通り」に書けば誰でも書ける …… 128

フィールドワーク心得…………………………………………… 132

フィールドワークのまとめ方…………………………………… 134

フィールドワーク報告で読者を楽しませよう………………… 136

礼状を出そう　作品を贈ろう…………………………………… 138

コラム そんなことも知らんのかい?! ………………… 139

フィールドワークを終えて……………………………………… 140

探究学習のためのキーワード総索引…………………………… 142

おわりに 「なんでも学べる図書館」への道はつづく … 148

執筆者紹介………………………………………………… 150

解説・本文執筆：片岡則夫
ブックカタログ解説執筆：（南）南百合絵、（山）山﨑勇気、（岡）岡崎真実

3

はじめに

　子どもたちはひとり残らず「探究」する存在です。だからこそ「自ら課題を見つけ自ら学ぶ」、探究学習（調べ学習）の機会が必要です。「総合的な学習の時間」でも、「教科」でも、活発な探究学習を実現しようとするならば、子どもたちの興味・関心に応じた蔵書を持つ学校図書館が不可欠です。では、どんなことに興味を持って子どもたちは学びたいと思うのでしょうか。またそのためにはどんな本が必要なのでしょうか。本書はそうした問いに答えます。

　こうした書き出しの前著、『なんでも学べる学校図書館をつくる』（2013年刊）は、幸いにも読者から多くの支持をいただきました。本書はその続編です。

　前著に引き続き、総合学習の授業の卒業研究から得られたデータが本書の基礎になっています。「よく現れるテーマについて、よい本を図書館にそろえるためのツール」、それが本書の性格です。また、長年展開している授業の中から、今回はフィールドワークに注目して紹介をしています。生徒が様々な人々と出会い取材するフィールドワークは、素晴らしい思い出をもたらしてくれる、探究学習のいわば「華」なのです。

第1部：「卒業研究とフィールドワーク　その全体象と意義」

　第1部では、このブックガイドが生まれた清教学園中学校の卒業研究の授業について改めて紹介をします。授業の全体像を簡潔に述べるとともに、フィールドワークを通じた学びの概略とその意義について紹介します（授業全体の詳細については前著を参照ください）。

第2部：「人気テーマ50とブックカタログ」

　第2部はブックガイドです。前著では、テーマの人気ランキング1位の「睡眠」から「カレー」まで50テーマを紹介しました。本書ではそれに続く人気テーマの「ファッション」から「月」までの50テーマのブックガイドをお届けします。

　この授業に参加した生徒の総計は2017年4月現在で2,000名を超えました。現れたテーマも全部で900種類と増加しています。とはいえ探究するテーマの種類が限られているのに変わりはありません。

　この本で紹介する50項目は、1,000人あたりで2〜5人が取り上げるテーマです。

統計から見れば、**前書と合わせた100テーマを図書館でフォローすれば、生徒の学ぶテーマの約40％をカバーできます。**

　第2部の最後には紹介した本の分類順の索引をつけました。図書館の書架をチェックするのに役立つはずです。

第3部：「フィールドワークの指導と実際」

　第3部では清教学園中学校の卒業研究の中からフィールドワークの部分を紹介します。取材先と日程の決定のための、計画書づくり、取材申し込みの手紙づくり等を皮切りに、取材当日の心得、取材後のまとめや礼状の発送など、具体的な指導のポイントや生徒の動きの実際を紹介します。

本書をこんな方におすすめします

【子どもの興味を生かした探究学習を考えている小中高の先生へ】

　活力ある探究学習を展開するには、子どもの興味と読む力に見合った蔵書がなによりも必要です。この本を手引きにすれば、中学生を対象の中心とした「なんでも学べる学校図書館」の基礎が準備できます。

【ノンフィクション棚の充実を考える学校司書のみなさんへ】

　学校図書館の蔵書を知識の本（ノンフィクション）の視点から、豊かにする手がかりとしてご使用ください。子どもたちの具体的な研究テーマ・キーワードを裏付けとした、手元に置いて頼りになるブックガイド・データ集です。

【子ども（ＹＡ）のコーナーを「使える」ものにしたい公共図書館のみなさんへ】

　夏休みの自由研究や、総合学習、調べる学習のコンクールなどに対応するとき、必要なキーワードと本が紹介されています。ランキングの上位から、あるいは分類の番号順に、紹介した本を蔵書としてください。需要のある、はずれの少ないラインナップに、利用者が現れてくれるはずです。

【望まれるよりよい本を届けたい出版社のみなさんへ】

　人気テーマと本を調べる過程で、供給に「穴」のあるテーマが多いことに気づきました。各テーマの解説で少しは触れましたが、本書のブックリストやキーワードを分析して、子どもたちと学校図書館によい本を届けていただきたいと願っています。

清教学園の学校図書館リブラリアと探究学習

「賜物(たまもの)を生かす」清教学園とリブラリア

　清教学園中・高等学校はキリスト教主義を教育の基礎とする、大阪府南部の河内長野市にある私立学校（共学）です。「神ある教育」を通じた、一人ひとりの「賜物を生かす」教育を建学の精神としています。学校図書館「リブラリア」は中高の約2,000名の学習を支援しています。

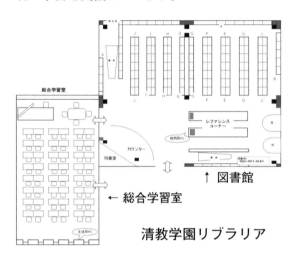

所在地…〒586-8585
大阪府河内長野市末広町623

面積（座席数）…
図　書　館：約256㎡（20席）
総合学習室：約98.2㎡（48席）

担当人数…5名（図書館教育）
館長1名
専任司書教諭1名
専任・常勤・非常勤司書各1名
蔵書数58,598点

年間貸出点数…35,950点
　　　　　　　（2016年度末）

　中学1～3年の「総合的な学習の時間」（週1時間）の主な授業は下図の通りです。「卒業研究」では全員が個別のテーマを設定し、フィールドワークとともに、一年をかけて作品を完成させます。本書のもとになったのがこの授業です。

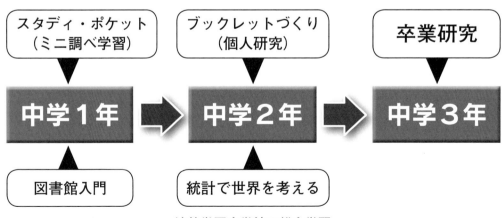

清教学園中学校の総合学習
3年間を通じて探究学習を繰り返します

第1部
卒業研究とフィールドワーク
その全体像と意義

　第1部では、このブックガイドが生まれた清教学園中学校の卒業研究の授業について改めて紹介します。授業の全体像を簡潔に述べるとともに、フィールドワークを通じた学びの概略とその意義についての紹介です。

卒業研究の道のりとフィールドワーク

卒業研究の授業計画

「卒業研究」の大まかな流れを紹介します。このカリキュラムは中学2・3年の総合学習（週1時間）で行われています。

中2の3学期に卒業研究はスタートします。学校図書館で資料を探しながら研究の方針を考える期間です。春休みに研究企画書を書きます。

中3の1学期は、研究計画書を提出し、資料を集めて読み、情報をまとめる作業が中心です。一方で、フィールドワーク先を考え、取材申し込みの手紙（封書）を書きます。夏休み前に手紙を投函し、夏休み中には個々にフィールドワークを進めます。

2学期、夏休み明けにフィールドワークの報告をします。ついで、これまでの蓄積とフィールドワーク情報をまとめて、10月後半に作品を完成させます。同時に、調べる学習のコンクールにも応募しています。

2学期末から3学期にかけてはプレゼンテーションの準備です。PowerPointでスライドを作り、発表用のブースを作成します。発表会は3学期末、全校約500名が参加して行われます。

テーマを考え続ける旅

授業は計画的に進みます。しかし、生徒の学習は計画通りには進みません。右図は生徒の学習の様子（局面）がどう移り変わるのかを示しています。中でも大切なのは、外からは見えない「テーマを考える」の部分です。授業の始まりから提出まで、生徒はテーマを考え続けます。研究企画書を書いてフィールドワークをした後になっても、テーマを絞ったり深

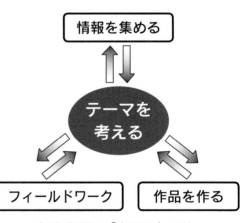

探究学習は「島巡り」の旅

めたり、振り出しに戻ったりと、研究の過程はそのまま「テーマを考える道のり」です。卒業研究はこのテーマを考え続ける過程そのものを大切にした授業です。

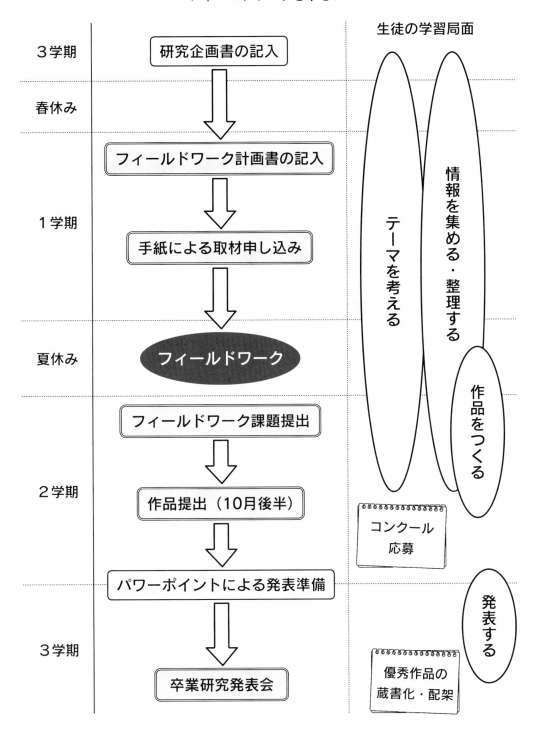

探究学習の中のフィールドワークの意義

フィールドワークが真のテーマ設定を促す

研究のためのインタビューや現地調査を、一般にフィールドワークといいます。しかし清教学園では、「活字やデジタルな情報から離れて、学ぶ対象そのものに近づく学びのすべて」をフィールドワークと定義しています。テーマに関わりのある方への直接のインタビューが中心ですが、実験や観察なども含め、広く「現場に立つ」経験を指しています。

これまでフィールドワークでの人との出会いを境に、生徒の研究が本格化する場面に数多く出会ってきました。「調べました・まとめました学習」から脱皮し、意義のある真のテーマ設定の契機となるのが、フィールドワークです。つまり、フィールドワークが探究の過程に血を通わせる秘訣なのです。

フィールドワークこそ卒業研究の「華」です。授業者としてはたとえ手間がかかっても挑戦する価値があります。

オリジナリティーの源としてのフィールドワーク

図書館やインターネットで調べものをする、それはそれで大切なことです。しかし、本やインターネット上の情報から出ない、モノや人から直接に学ぶことのない研究というのも不自然です。資料とフィールドとの往復があってこその探究学習です。

また、フィールドワークで得られた記録は「生」の情報、一次情報となります。その生徒のみが作り得た記録ですから、オリジナリティーの源です。つまり、フィールドワークは研究の価値を高める効果的な手段でもあるのです。

生徒と社会の接点をつくる

これまで多くの方々にフィールドワークではお世話になってきました。企業や大学の研究者の方々、自営業の方、業界団体の方……。中学生相手ではさして利得のない取材に付き合っていただいた方々に心より感謝しています。一方で、「中学生から取材されたのは初めてでしたが、私たちの仕事に強い関心を寄せてもらえて、ありがたかった」という感想をいただくことも多いのです。

さて、生徒たちはいろいろな段取りを経て、緊張してフィールドワークの当日を迎えます。友人や保護者の方とご一緒する場合が多いものの、そのプレッシャーは相当です。とはいえ、夏休みが明けて「フィールドワークどうだった？」と尋ねると「よかった。いい話をたくさん聞けた」と明るい表情を見せてくれます。また、残された記録からも、充実した時間が見て取れます。

　こうした生徒の学びを俯瞰すると、フィールドワークが生徒とリアルな社会とのよき接点・めぐり合いの機会になっていることに気づきます。現場に働くみなさんのもとに、ある日足を運んで、頭を下げて教えを乞う中学生が現れるのです。取材される方々には多分にお手数をかけてしまうのですが、こうした出会いこそが長く記憶に残り社会を知るよき経験となるのです。

　実際のところ、断られるケースも少なくありません。しかし、それすらも経験です。もちろん、迎え入れてさえいただければ、例外なく懇切な対応をしていただけるのです。邪険にされる事例はまったくありません。

生徒を世界に連れ出す

　振り返って、インターネットが発達し「グローバルに開かれた世界」が現れたと日々喧伝されます。たしかに世界中の情報を受け取るのは簡単になりました。しかし、世界と「関係する」ことは簡単ではありません。こと中学生の世界は、家庭や学校の周囲、自分が心地よいインターネットのわずかな世界に限られているように見えます。そんな中で中学生は、匿名でやたらと発信し、ゲームし、「いいね」とフォロワーの獲得にいそしんでいるのです。

　一方で、フィールドワークは実名を当然名乗ります。手紙を差し上げ、興味のありかと学んだ本を示し、その上でどなたかに教えを乞うのです。こうした素朴な人間関係の構築は、江戸時代とさして変わりはありません。

「フィールドワークさせていただいたお相手とあなたは、もう他人ではないよ」と言ったりします。事実、取材後に追加で質問をさせていただいたり、別の研究者を紹介されたりもします。卒業後高校生になってからも研究者とやりとりをしている場合だってあるのです。勇気を出してたたけば、中学生でも社会はその扉を開いてくれるのです。

11

フィールドワークの段取り
どうやって現場に立てばよいのか

　次ページの図は、生徒に示すフィールドワークの段取りです。第3部ではこの流れに沿って紹介をします。ちなみに、本書では取材やインタビューを中心に紹介し、実験や観察・アンケートについては割愛しています。

フィールドワーク前に「テーマの成熟」が必要

　細かい具体的な段取りを紹介する前に、フィールドワークにジャンプする前の「助走」、テーマの成熟について書きます。

　どなたにお話を伺うべきか、それを決断することは、簡単ではありません。ある方の前に立ち質問を発するということは、同時に「自分自身が問われる」ことでもあるからです。したがって、フィールドワーク先の決定の前に「このテーマでよいか」「このテーマを学ぶ自分は本物か」と生徒は自分に問わざるを得ない状況に置かれます。

　中には1学期が終わろうとするときになっても、テーマを決めかねている生徒もいます。そうした生徒は当然フィールドワーク先が決められず、手紙も書けません。手紙には「学んでいるかいないか」がよく現れます。手紙が投函できるところまでテーマが成熟していない場合は、夏のフィールドワークは残念ながら見送りです。

フィールドワークの三局面：取材先と日程の決定が教師の勝負どころ

　フィールドワークの段取りは、取材先と日程の決定（右図①〜⑤）、取材当日（⑥）、取材後のまとめ（⑦〜⑧）の三局面に分かれます。

　教師が神経とエネルギーを使うのは、取材先と日程の決定の局面です。手紙の添削にも手間がかかりますし、投函が7月の後半だと、8月の夏休みの前半は生徒と取材先との間に立った、日程調整に追われます。

　一方で、取材当日はほとんど問題ありません。まれに電車の事故による遅延で、遅刻するような事態も起こりますが、常識的な判断で事なきを得る場合が多いです。

　取材後のまとめの局面では、取材をいかにレポートに反映させるのかが重要です。せっかくよいお話をしていただいても、記録にならなければ意味がないからです。

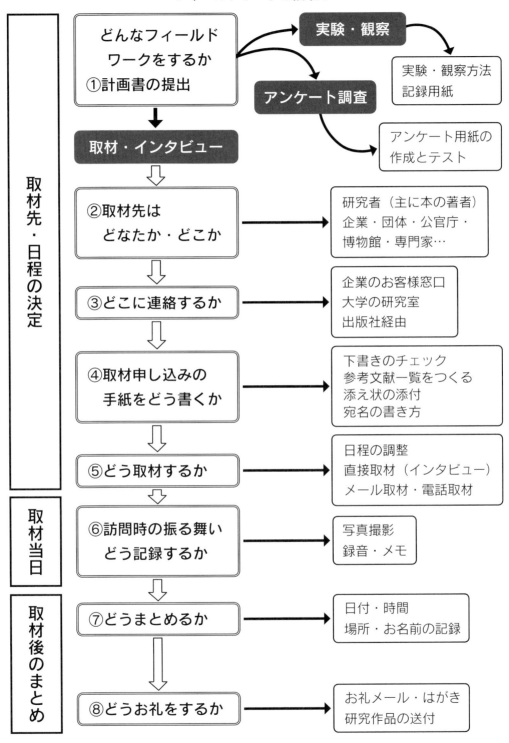

生徒はどんなフィールドワークに挑戦したのか

どこにフィールドワークに行ったのか

2016年度の卒業研究でも生徒が様々にフィールドワークに挑みました。そのアンケート調査から紹介します。

フィールドワークの取材方法は直接のインタビューがほとんどでした。データを得られた生徒173名の主な取材先の大まかな内訳は以下のグラフの通りです。グラフ中の数字は人数を示しています。

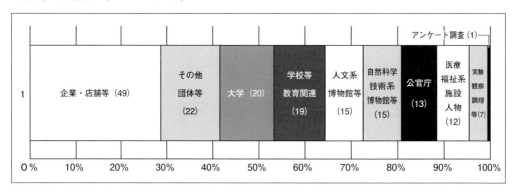

では、実際にはどんなところに取材に行ったのでしょうか。その一部を紹介します。

企業…パイロットインキ・ライオン株式会社・大和ハウス工業・朝日放送
その他団体等…道の駅宇陀路大宇陀・手話サークルかめのこ・大阪ユニセフ協会・和食文化国民会議・和太鼓會鬼打羅・和食文化国民会議・大阪サッカー協会
大学…大阪大学・慶応義塾大学・関西大学・大阪芸術大学・近畿大学
学校等教育関連…京都ピアノ技術専門学校・光陽保育園
人文系博物館等…国立ハンセン病資料館・大和ミュージアム・姫路城管理事務所・淀川資料館
自然科学技術系博物館等…大阪市立科学館・天王寺動物園・大阪府立花の文化園・インスタントラーメン発明記念館
公官庁…富田林市市役所・松原市市民生活部・関西空港事務所
医療福祉系施設…大阪医療センター・大阪府呼吸器・アレルギー医療センター
実験・観察・調理…焼き菓子作り・アリの観察・プログラム作成

第２部
人気テーマ50とブックカタログ

ブックカタログ ページの見方

18ページからブックカタログを掲載しています。ここではカタログの見方を紹介します。

人気度（‰）

人気度順にテーマを紹介します。人気度を示す数値は生徒全体のうちに占める割合を‰。（パーミル：千分率）で示したものです。人気度が5なら1,000人のうち5人がテーマにしています。

テーマと分類

テーマと対応する分類番号と分類項目名を示してあります。対応する分類（本棚）は一か所とは限りません。

キーワードのチャート

テーマの周囲にテーマと関係するキーワードを配置しました。生徒の研究レポートの目次と資料から、重要な言葉を選び出し、関連づけました。

こうしたテーマで学ぶ生徒が、具体的にどんな内容に注目しているのかがわかります。

テーマの解説

テーマについての簡単な解説とともに、生徒のレポートの傾向、現在の出版流通状況や内容の傾向について解説しています。また、このテーマではどんなフィールドワークの可能性があるのかなどにも触れています。

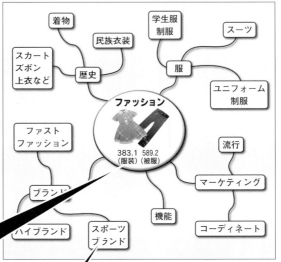

人気度 5.5 ☆☆☆☆☆✦

ファッション ― 装いの喜び・歴史・ビジネス ―

着物／民族衣装／スカートズボン上衣など／歴史／学生服制服／スーツ／服／ユニフォーム制服／ファストファッション／ブランド／ハイブランド／スポーツブランド／機能／流行／マーケティング／コーディネート

ファッション
383.1　589.2
（服装）（被服）

人の装いそのものについて考えられる奥の深い分野です。児童書でまとまった本は不足気味ですが、一般書に優れた本が数多くあります。どの本も図や写真が多いので、子どもでもわかる範囲で楽しんで学んでいます。テーマ自体、流行を追いかけ浮ついたように見られるかもしれません。しかし、制服やブランドや流通について真面目に考える生徒が現れまた良書が多かったため、今回は仕事本を除いてリストにしました。

おすすめの本

テーマごとに４冊程度の本を紹介しています。生徒たちの卒業研究の「参考文献欄」で「役に立った」という報告のある本を中心に、清教学園と公共図書館の蔵書、さらには新たに購入した本の中から、実物を見ながら選びました。

増補新装 カラー版 世界服飾史
☆☆
深見晃子 監修
深見晃子 ほか 著
美術出版社 刊
Ａ５判
218ページ
本体価格：2,500円
2010年

京都服飾文化研究財団が収蔵する実物の写真を用い、現在までの歴史的な服飾の現実を伝えようと試みる本。人がそれをどのように着ていたのか、服飾の本質を正確に把握しようとする高い意識が感じられます。字は小さいですが、事項索引が充実しているので、知りたいことを調べるのにも便利です。（南）

ファッションクロノロジー
エンパイアドレスからエシカルデザインまで
☆☆
N.J.スティーヴンソン 著
古賀令子 訳
文化出版局 刊
Ａ４判変型
288ページ
本体価格：2,500円
2013年

世界のファッションの歴史（1800年～2000年代）を、アクセサリーや靴などのアイテムも含めて詳しく紹介しています。写真、イラスト、文章がファッション雑誌のようにおしゃれに配置され、めくるだけでも移り変わりが楽しめます。衣服はその当時の世相をよく表していて、社会との関わりが深いこともわかります。（岡）

商品企画実践のための
感性分類とトレンド分析
☆☆☆
内藤郁代 著
ファッション教育社 刊
Ｂ５判
129ページ
本体価格：2,500円
2003年

ファッションの仕事に携わる人に向け、ファッションセンスや感性を理解する力を鍛え、ファッションビジネスの指針をつくるための考え方を解説しています。デザインの整理の仕方や年齢別スタイリングの例など、具体的に写真を見て考えてみるという形式がとられていて、現場に立つ人の空気が感じられます。（南）

図解入門 業界研究 最新アパレル業界の動向とカラクリがよ～くわかる本
☆☆☆
岩崎剛幸 著
秀和システム 刊
Ａ５判
296ページ
本体価格：1,400円
2017年

最新ファッション市場、流通の仕組み、仕事内容、問題点などがまとめられている本です。アパレル業界は、流行に左右されるため、入れ替わりが激しい業界です。ほかの業界とつながりも多く、日本の核となる業界であることがわかります。定期的に改訂されていますので最新版を手に入れるようにしましょう。（岡）

本の難易度

大まかに次の三つに区別をしています。

☆：小学生中～高学年向け
☆☆：中学生向け
☆☆☆：高校生～一般書

一般書でも生徒によく使われていたり、写真や図表が優れたりしているものは紹介をしています。

本の紹介

簡単な内容と評価を紹介しています。索引や参考文献、ふりがなの有無などにも触れられています。文末の執筆者は（南）南、（山）山﨑、（岡）岡崎をそれぞれ示しています。

〈紹介した本について〉
データは2017年８月現在のものです。最新情報は各出版社にお問い合わせください。

人気度 5.5 ☆☆☆☆☆☽

ファッション ― 装いの喜び・歴史・ビジネス ―

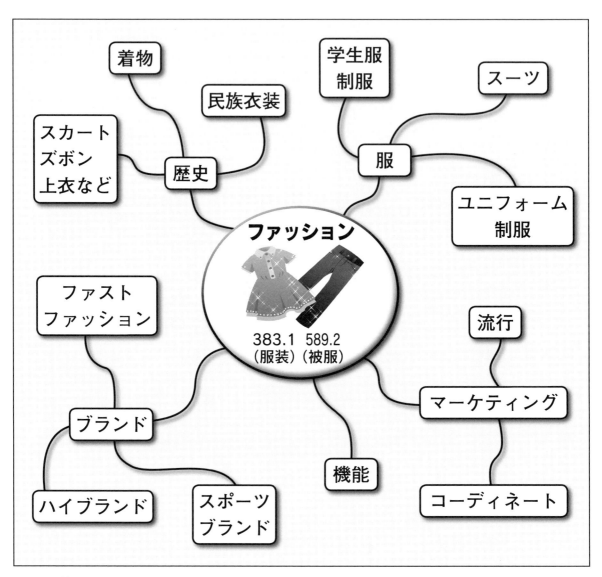

　人の装いそのものについて考えられる奥の深い分野です。児童書でまとまった本は不足気味ですが、一般書で優れた本が数多くあります。どの本も図や写真が多いので、子どももわかる範囲で楽しんで学んでいます。テーマ自体、流行を追いかけ浮わついたように見られるかもしれません。しかし、制服やブランドや流通についてまじめに考える生徒が現れます。良書が多かったため、今回は仕事本を除いてリストにしました。

増補新装　カラー版　世界服飾史

☆☆
深見晃子 監修
深見晃子 ほか 著
美術出版社 刊
Ａ５判
218ページ
本体価格：2,500円
2010年

　京都服飾文化研究財団が収蔵する実物の写真を用い、現在までの歴史的な服飾の現実を伝えようと試みる本。人がそれをどのように着ていたのか、服飾の本質を正確に把握しようとする高い意識が感じられます。字は小さいですが、事項索引が充実しているので、知りたいことを調べるのにも便利です。（南）

ファッションクロノロジー
エンパイアドレスからエシカルデザインまで

☆☆☆
N.J.スティーヴンソン 著
古賀令子 訳
文化出版局 刊
Ａ４判変型
288ページ
本体価格：2,500円
2013年

　世界のファッションの歴史（1800年〜2000年代）を、アクセサリーや靴などのアイテムも含めて詳しく紹介しています。写真、イラスト、文章がファッション雑誌のようにおしゃれに配置され、めくるだけでも移り変わりが楽しめます。衣服はその当時の世相をよく表していて、社会との関わりが深いこともわかります。（岡）

商品企画実践のための
感性分類とトレンド分析

☆☆☆
内藤郁代 著
ファッション教育社 刊
Ｂ５判
129ページ
本体価格：2,500円
2003年

　ファッションの仕事に携わる人に向け、ファッションセンスや感性を理解する力を鍛え、ファッションビジネスの指針をつくるための考え方を解説しています。デザインの整理の仕方や年齢別スタイリングの例など、具体的に写真を見て考えてみるという形式がとられていて、現場に立つ人の空気が感じられます。（南）

図解入門 業界研究　最新アパレル業界の動向とカラクリがよ〜くわかる本〔第４版〕

☆☆☆
岩崎剛幸 著
秀和システム 刊
Ａ５判
296ページ
本体価格：1,400円
2017年

　最新ファッション市場、流通の仕組み、仕事内容、問題点などがまとめられている本です。アパレル業界は、流行に左右されるため、入れ替わりが激しい業界です。ほかの業界とつながりも多く、日本の核となる業界であることがわかります。定期的に改訂されていますので最新版を手に入れるようにしましょう。（岡）

人気度 5.0 ☆☆☆☆☆

ディズニーランド ー 夢の国の秘密 ー

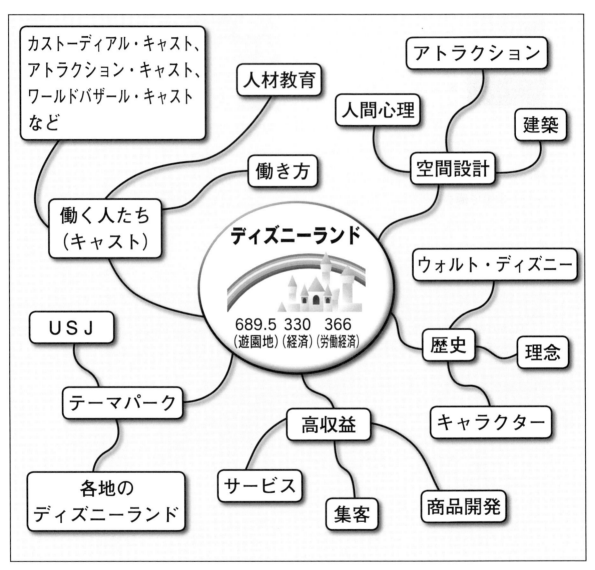

　大人気のディズニーランドです。ディズニーキャラクターを目にしない日はありません。しかし、研究テーマとして子どもがひかれるのは、キャラクターではなく、むしろ人の育て方や居心地のよい空間設計といったテーマパークの経営や接客です。子ども向けの本はないのですが、読みやすい一般書が相当数出版されています。ただし著作権に厳しい企業だけに、ほとんどの本にキャラクターが登場しません。

ディズニー そうじの神様が教えてくれたこと

☆ ☆
鎌田洋 著
SBクリエイティブ 刊
四六判
160ページ
本体価格：1,100円
2011年

　ディズニーランドでの「そうじの神様」との出会いが著者の人生をどう変えたかがストーリー仕立てで描かれています。気持ち次第で働き方が変わる、自分にしかできないことを一生懸命やるなど、働く上での意識の持ち方を教えてくれます。今やそうじはディズニーランドの中でも人気のある仕事なのだそうです。（南）

ディズニーランドのここがすごいよ！
高収益を生み出す理由は運営の仕組みにあった！

☆ ☆
永野まさる 著
こう書房 刊
四六判
216ページ
本体価格：1,400円
2009年

　コンサルタントで多くのレジャー施設を視察している著者が、ディズニーランドの運営の仕組みを紹介します。ディズニーランドで働いたことがないというゲスト視点で、実際見て歩き体験したサービスからスタッフ、施設設計など、人気の秘密に迫ります。USJや旭山動物園など、他施設との比較も有り。（南）

9割がバイトでも最高のスタッフに育つ
ディズニーの教え方

☆ ☆
福島文二郎 著
KADOKAWA 刊
四六判
208ページ
本体価格：1,300円
2010年

　ディズニー式、人を育てるノウハウを書いたハウツー本。著者はディズニーの考え方はすべての会社・組織に共通すると考えており、組織の中で上司や先輩に当たる人を主な対象として、後輩とどう付き合い、育てるかといった人材育成法の一端を紹介します。一般書ですが余白が多く読みやすいです。（南）

新 ディズニーランドの空間科学
夢と魔法の王国のつくり方

☆ ☆ ☆
山口有次 著
学文社 刊
Ａ５判
256ページ
本体価格：2,600円
2015年

　ゲストをもてなす空間的な仕掛けについて、幅広く網羅的に整理した本。難しそうに見えますが、小見出しとわかりやすい項目で、生徒によく利用されています。ゲストの心理や行動を察知し、感性に訴えかけようとする手法がわかります。各国のディズニーランドの比較や、ほかのテーマパークとの比較もあります。（南）

人気度 4.6 ☆☆☆☆☆

時計 — 刻む時をはかる —

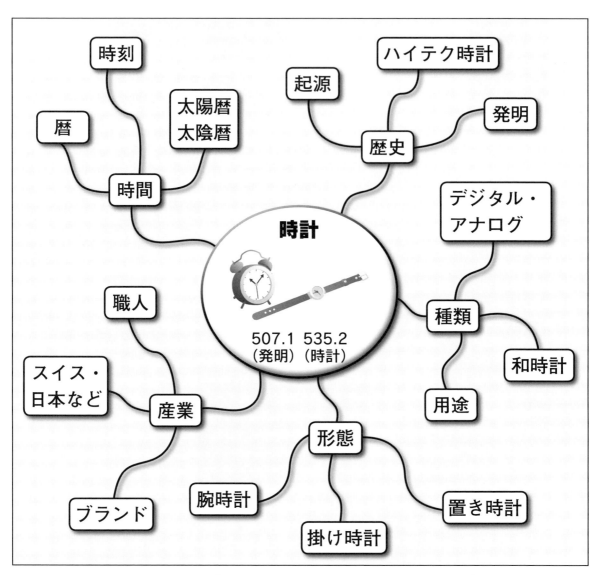

　時計に関心を持つのは男子が多く、機械式の時計にも根強い人気があります。また、時間そのものや暦まで興味を広げて学ぶことも可能です。資料としては「時の研究家」織田一朗氏の著作が目立ちます。氏は時計会社に勤務されていた方で信頼が置けます。しかし、中学生向けの適当な本が見当たりません。時計店を訪問するフィールドワーク、古くなった時計の分解など、様々な学び方ができそうです。

人間の知恵8　時計のはなし

☆
市場泰男 著
さ・え・ら書房 刊
Ｂ５判変型
48ページ
本体価格：1,000円
1982年

　日時計や水時計など、自然のものを利用していたころの話から現代のクオーツ時計まで、時計誕生の歴史と時計が動く仕組み、時計の働きについて探ります。白黒ですが各ページに写真やイラストが有り、文章で丁寧に説明されています。日時計の作り方の紹介もあり、試してみることができます。（南）

ふくろうの本　図説 時計の歴史

☆ ☆
有澤隆 著
河出書房新社 刊
Ａ５判変型
112ページ
本体価格：1,800円
2006年

　わかりやすい章立てで、世界の時計の歴史を追った資料です。人と文化に着目し、なぜその時代、その国で、その時計が発展したかがよくわかる構成です。カラー図版を多用し、時計の実物写真もたくさん掲載。イメージを膨らませやすくなっています。9章では日本の和時計の歴史にも言及します。（山）

機械式時計【解体新書】

☆ ☆
本間誠二 監修
大泉書店 刊
Ａ５判
192ページ
本体価格：1,600円
2001年

　1960年代まで主流だった、ゼンマイを巻いて駆動させる機械式時計。本書はその機械式時計に焦点を当て、歴史、仕組み、人間と時間の関わりなどのテーマに取り組みます。わかりやすい図説を多用し、時計が動くメカニズムがよく理解できます。難しい技術名や部品名は、巻末の英仏語訳付き用語集が便利です。（山）

改訂新版　時計の針はなぜ右回りなのか

☆ ☆ ☆
織田一朗 著
草思社 刊
文庫判
368ページ
本体価格：680円
2012年

　「時」という、身近なものであるのに不思議なことの多い世界を解明するというスタンスで書かれた本。時間・時刻篇、時計篇、精度・計測篇、時計産業篇など、章ごとに視点を変え、身近な疑問に答える形式で書かれています。時計とめがねの兼業店が多いのはなぜかなど、目次から知りたいことを探せます。（南）

人気度 4.1 ☆☆☆☆☆
キャビンアテンダント（客室乗務員）
― 安全で快適な空の旅を ―

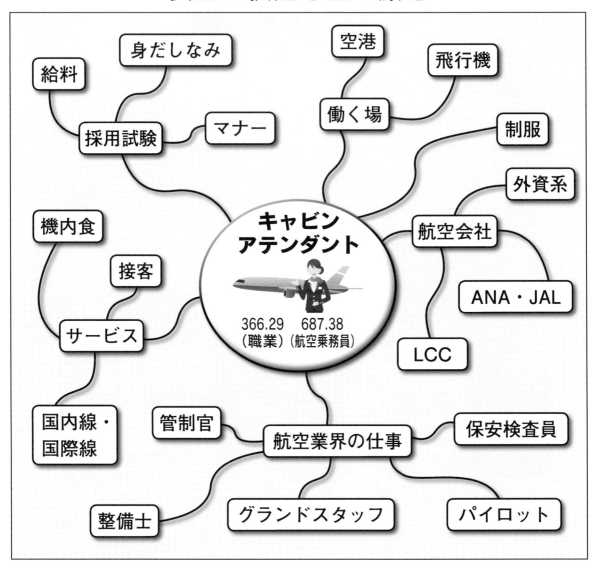

　テレビドラマや映画などで取り上げられることもあり、生徒はキャビンアテンダント（CA・客室乗務員）やグランドスタッフの、華やかで献身的なイメージに憧れを抱くようです。将来の職業として考える女子も多く、レポートも見た目にもこだわって熱心に取り組みます。フィールドワークでは、実際に空港を訪れ、空港で働く方々に話を聞いたり、旅客機に搭乗してみたりと、楽しんで帰ってくる姿が見られます。

職場体験完全ガイド19 人をもてなす仕事
キャビンアテンダント・ホテルスタッフ・デパート販売員

☆
大沢大之助 文
ポプラ社 刊
Ａ４判変型
47ページ
本体価格：2,800円
2010年

　日本航空国際線のキャビンアテンダントをメインに紹介しています。航空会社で働く人の仕事紹介もあり、飛行機は多くの人に支えられて運航していて、キャビンアテンダントもその仕事のひとつだということがわかります。ページ数は多くありませんが、現職者へのインタビューや写真から様々な情報が読み取れます。（南）

マンガ 知りたい！なりたい！職業ガイド
旅行にかかわる仕事

☆ ☆
ヴィットインターナショナル企画室 編
ほるぷ出版 刊
Ａ５判
148ページ
本体価格：2,200円
1999年

　「スチュワーデス」という表記でもわかる通り、少し古い本ですが、キャビンアテンダントの仕事について一通りわかります。現役パーサーへのインタビューでは、ハードな仕事で、チームワークが重要であることなど、実感のこもった言葉が聞けます。働く上で大事にしていることが見えてきます。（南）

イカロスMook ANA客室乗務員になる本〔最新版〕／
イカロスMook 外資系客室乗務員になる本〔最新版〕

☆ ☆　　　　　　☆ ☆
月刊「エアステージ」　月刊「エアステージ」
編集部 編　　　　編集部 編
イカロス出版 刊　　イカロス出版 刊
Ａ５判　　　　　　Ａ５判
154ページ　　　　156ページ
本体価格：1,833円　本体価格：1,900円
2017年　　　　　　2016年

　キャビンアテンダントになりたい人に向けて書かれたハウツー本ですが、仕事の内容や制服の変遷、機内食の例などが写真を多用して紹介されています。適性や面接スタイルなどの受験対策、会社の紹介もあり、各社を見比べるのもおもしろいです。『JAL客室乗務員になる本』もあり、2016年度版が最新です。（南）

航空業界大研究〔改訂版〕

品切れ

☆ ☆ ☆
中西克吉 著
産学社
Ａ５判
248ページ
2009年

　航空業界の概要を広範囲に紹介。現役社員へのインタビューもあり、航空業界に興味を持つ人の就職案内としても役立ちます。2009年の情報ですが、客室乗務員の採用状況についても紹介されており、具体的な就職のイメージも持てそうです。巻末に航空業界企業データと用語集があるのもおもしろいです。（南）

人気度 3.7 ☆☆☆☆

文房具 ― 毎日使うハイテクな必需品 ―

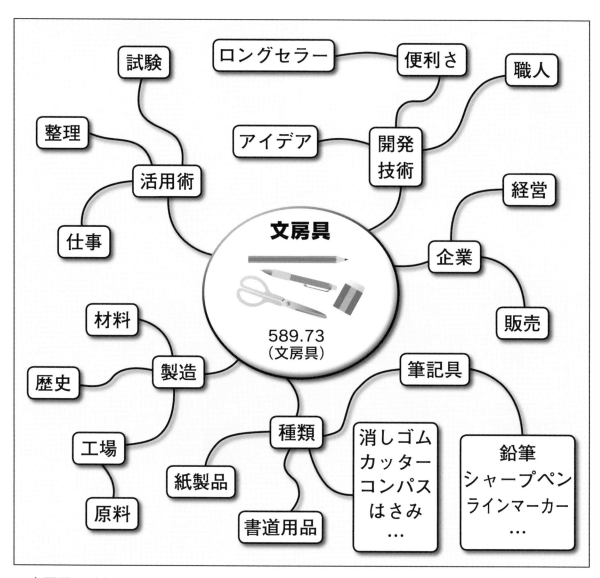

　文房具は私たちの日常生活に欠かせないアイテムのひとつです。特に日本は文房具先進国でもあります。最新の技術やアイデアが次々と取り入れられ、日々進化を続けています。関連本も豊富で視覚的にも楽しめるおしゃれな本が多いです。最新のテクノロジーを実際に使用でき、しかも安価な文房具は、奥が深いおもしろい研究テーマといえます。

文房具図鑑
その文具のいい所から悪い所まで最強解説

☆
山本健太郎 絵・文
いろは出版 刊
30cm×20.3cm
112ページ
本体価格：1,500円
2016年

　著者は小6男子で、約1年かけて大好きな文房具のことを手描きでまとめたものが評価され、書籍化されました。まさに調べ学習のお手本といえます。各種メーカーの消しゴム、ペンなどの商品情報と、実際に使った感想を自らの言葉で伝え比較しています。同世代の作品として、参考にするべき一冊です。（岡）

見学！日本の大企業　コクヨ

☆
こどもくらぶ 編
ほるぷ出版 刊
Ａ４判変型
40ページ
本体価格：2,800円
2013年

　文具・事務用品を扱う企業、コクヨを紹介することにより、文房具がどんな会社でどのように開発・製造されているかがわかります。ロングセラー「キャンパスノート」誕生の歴史や、「ユニバーサルデザイン」という考え方で商品開発をしていること、また、企業理念や社会貢献活動についても触れられています。（南）

人間の知恵3　えんぴつのはなし／
たくさんのふしぎ傑作集　いっぽんの鉛筆のむこうに

☆
松田憲二 著
さ・え・ら書房 刊
Ｂ５判変型
48ページ
本体価格：1,000円
1981年

谷川俊太郎 文
坂井信彦 ほか 写真
堀内誠 絵
福音館書店 刊
Ｂ５判変型
40ページ
本体価格：1,300円
1989年

　鉛筆について、まったく違った視点から書かれた2冊です。前書は筆記具を含む鉛筆という道具の歴史を、日本での改良という点にもスポットを当て紹介しています。白黒ですが写真もあり、鉛筆の仕組みもわかります。後書は、私たちの手元に鉛筆が届くまでにどのような人たちの手を経ているのかを追った本です。（南）

町工場の底力5
文房具の開拓者たち

☆
こどもくらぶ 編
かもがわ出版
Ａ４判変型
32ページ
本体価格：2,500円
2014年

　「町工場」を紹介するシリーズのうちの一冊です。鉛筆製造時に出るおがくずをもとに、乾くと木になる粘土を開発した工場、子どもが買える価格設定を保ちながらおもしろ消しゴムを作り続ける工場、ニーズに応えて600色もの絵の具を製造する工場の3工場を紹介しています。町工場のこだわりを感じます。（南）

人気度3.7 ☆☆☆☆

温泉 ― 地球からの贈り物 ―

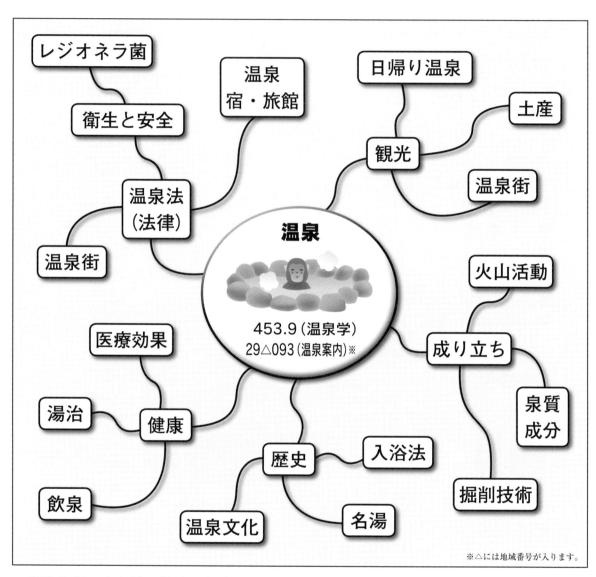

※△には地域番号が入ります。

　家族旅行で出かけるだけでなく、スーパー銭湯などもメジャーになり、テレビなどでもよく紹介されるためか興味を持つようです。泉質や成分からなる科学的効能や歴史のみならず、旅館や土産物、地熱発電など、温泉だけに掘り下げるとおもしろいテーマです。ところが、温泉ガイドは多くとも、子ども向けの資料は、お風呂や地域学習の本の一部に限られます。良質な子ども向けの本の出版が待たれます。

47都道府県・温泉百科

☆☆
山村順次 著
丸善出版 刊
四六判
320ページ
本体価格：3,800円
2015年

　各地の温泉地とその特色をまとめた資料です。都道府県ごとに2～4ページ割き、地域的な特性と、温泉地としての特色を記載しています。百科事典的な使い方が可能な一方、第1章では温泉の定義、歴史、観光産業としての今後の課題にも言及。情報量が多く使い勝手のよい資料です。図版は少なめです。（山）

サイセンス・アイ新書 温泉の科学
温泉を10倍楽しむための基礎知識!!

☆☆☆
佐々木信行 著
SBクリエイティブ 刊
新書判
240ページ
本体価格：1,200円
2013年

　温泉に関する入門書。性質や全国の分布、効能、起源など科学的なことから、温泉権や管理、文学や芸術との関わりまで取り上げています。また、土産物や温泉観光業界の未来についても言及し、裸の付き合いが人と人とを結ぶ、コミュニティーとしての温泉にも注目。巻末の参考文献も充実しています。（南）

知りたい！サイエンス
知るほどハマル！ 温泉の科学

☆☆☆
松田忠徳 著
技術評論社 刊
四六判
256ページ
本体価格：1,580円
2009年

　「温泉学」の教授である著者が、温泉の効能を科学的視点から解説します。医療効果、起源、掘削方法、温泉法の功罪、温泉にすむ生物、湯治文化、入浴法の科学、さらには癒やしを与えてくれる浴槽や浴場の造りなど、様々な項目があり、温泉文化の奥深さを実感させられます。参考文献も充実。（南）

新コロナシリーズ51
温泉学入門 ―温泉への誘い―

☆☆☆
日本温泉科学会 編
コロナ社 刊
B6判
144ページ
本田価格：1,200円
2005年

　温泉学の入門書。温泉を科学的・学術的に解説しています。よい面ばかりが強調される温泉ですが、体質によって入ってはいけない温泉や細菌による感染、ガスによる中毒など、気をつけなければならないことを教えてくれます。白黒ですが写真や表も用い、国外にも目を向けて温泉文化を紹介しています。（南）

人気度 3.7 ☆☆☆☆

自転車 ― どこへでも行ける気がする ―

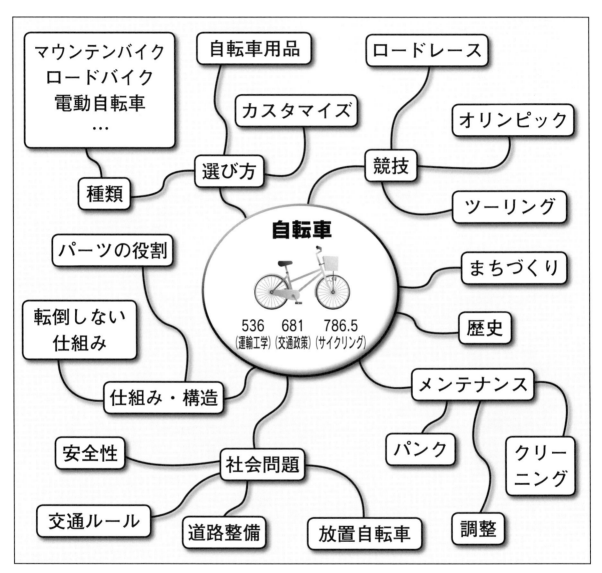

　通学手段であったり、遊びに行くときの移動手段であったりと、子どもにとって身近な移動の手段です。かっこいい高価な自転車（ロードバイク）に乗る人もよく目にするようになり、スポーツとしての人気も高まりつつあります。特に男子に人気です。子ども向けのセット本は出版されていますが、中学生に適当な資料の出版が待たれます。なによりも直接自転車に触れ、構造や仕組みを確かめたいものです。

自転車まるごと大事典
楽しく安全に乗るために

☆
「自転車まるごと大事典」編集室 編
理論社 刊
Ｂ５判
192ページ
本体価格：5,500円
2013年

　7章構成で、自転車を多岐にわたる視点から解説しています。交通事故のデータをグラフで示したり、服装や自転車の部位の解説を大きなイラストや写真で解説したりと、良心的に書かれています。ボリュームのある一冊なので、最初に手に取り、自分が興味あるテーマを探すのにピッタリです。（南）

安全に楽しく乗ろう！
自転車まるわかりブック　全２巻※

☆
谷田貝一男 監修
教育画劇 刊
Ａ４判変型
各48ページ
本体価格：各3,000円
2012年

　自転車にもっと親しむことができる資料です。自転車の仕組みを知り、「車両」の仲間である自転車も交通ルールを守って安全に楽しもうということを１巻で、自転車の歴史や種類のほか、ヨーロッパではスポーツとしての人気が高いということを２巻で説明します。ふりがな付きなので小学生から楽しめます。（南）

Q&A式 自転車完全マスター　全４巻※

☆
こどもくらぶ企画・編・著
ベースボール・マガジン社 刊
Ａ４判変型
各32ページ
本体価格：各2,200円
2012年

　自転車に乗る人は便利な自転車をより安全に扱うために、自転車に乗らない人は自転車の特徴を理解してより安全に歩行できるようになるために書かれたシリーズです。Q&A形式で説明しているので、興味のあるところをピックアップしてクイズ感覚で楽しむこともできます。巻末索引が充実しています。（南）

ぜんぶわかる！ 自転車メンテナンス／〔新版〕自転車トラブル解決ブック

☆ ☆
学研パブリッシング 編・著
学研 刊
Ａ５判
240ページ
本体価格：1,600円
2011年

☆ ☆
丹羽隆志 著
山と溪谷社 刊
Ｂ６判変型
160ページ
本体価格：1,200円
2013年

　自転車トラブルの解決策を教えてくれる２冊です。パンクの処置やサドルの交換など、どちらも写真でステップごとにわかりやすく教えてくれます。自転車選びや工具、症状別のメンテナンス早見表も付いています。メンテナンスの本はたくさん出版されているので、比較して自分に合った本を選びましょう。（南）

※…1. 自転車のルールとマナー　2. 楽しもう！自転車の世界

※…1. 道路交通法と自転車　2. 社会でかつやくする自転車　3. 自転車の歴史と文化　4. 自転車の安全を考えよう

人気度 3.7 ☆☆☆☆

ゲーム　― 開発・歴史・ビジネス ―

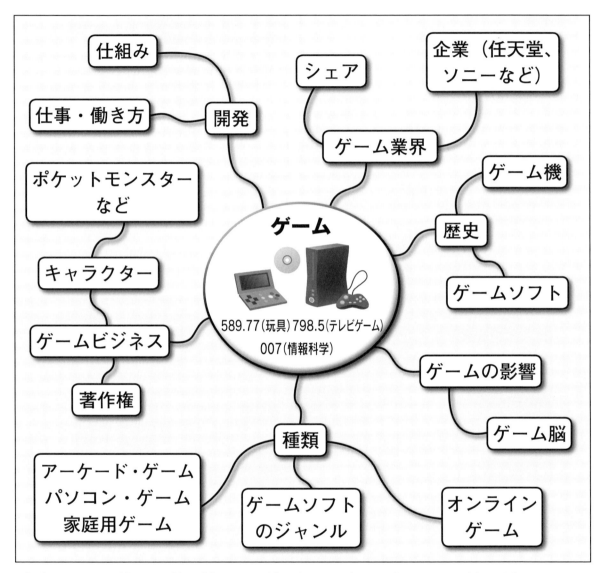

「ゲーム」には様々な種類がありますが、今回はビデオゲーム、デジタルゲーム、オンラインゲームの範囲を扱います。子どもの興味は、作り方や仕組みなどのゲーム開発の分野、ハード機の歴史や売り上げなどのゲーム業界の動向、さらにはゲーム音楽など、多岐にわたっています。子ども向けにまじめに書かれたボリュームのある本は少ないです。しかし、少し難解ながらも一般書に丁寧に書かれた良書があります。

ちくまプリマー新書 ゲームの教科書

☆ ☆
馬場保仁・山本貴光 著
筑摩書房 刊
新書判
192ページ
本体価格：780円
2008年

　ゲームについての一通りがわかる本です。日本におけるゲームの歴史のほか、ゲームとは何か、ゲーム開発者になるには、などを紹介しています。ゲーム制作に携わる著者らの実体験をもとに書かれているので、ゲームが世の中に出るまでの道筋が具体的にわかります。第4章では1か月でゲームを自作してみます。（南）

ゲームってなんでおもしろい？

☆ ☆
角川アスキー総合研究所 編
日本科学未来館 企画協力
KADOKAWA 刊
Ａ４判変型
160ページ
本体価格：2,300円
2016年

　ゲームのおもしろさとこれからについて、ゲームクリエイターやプロゲーマーなど、ゲームに関わる人たちが語っています。ゲーム実況やスマホゲームなど、ゲームの世界が進化し続けていることが実感できます。家庭用ゲーム機の写真入り年表、ゲームが動く仕組み、歴史に残るビデオゲーム年表もおもしろいです。（南）

図解入門 業界研究 最新コンテンツ業界の動向とカラクリがよくわかる本〔第3版〕

☆ ☆ ☆
中野明 著
秀和システム 刊
Ａ５判
240ページ
本体価格：1,400円
2017年

　映画、音楽、アニメーションなど、市場規模12兆505億円にのぼるというコンテンツ市場をデータで読み解く本です。ゲーム業界については、オンラインゲームの規模が拡大し、家庭用ゲーム機やアーケードゲームが苦戦している現状を解説しています。eスポーツについても記述があるのが新しいです。（南）

クリエイターのための ゲーム「ハード」戦国史
「スペースインベーダー」から「ポケモンGO」まで

☆ ☆ ☆
中村一朗・小林亜希彦 著
言視舎 刊
Ａ５判
166ページ
本体価格：1,700円
2017年

　ＴＶゲームの歴史を考察した一冊です。家庭用ゲーム機の時代から、家庭用ゲーム機では根付かなかったライトユーザーをスマートフォンという機器で取り込み、新しいビジネスモデルを作り上げようとしている現代へ、ゲームがどのように変遷してきたのかがわかります。ゲーム業界の歴史とこの先の展望を示します。（南）

人気度 3.2 ☆☆☆

バスケットボール ― 読むとドリブルしたくなる！―

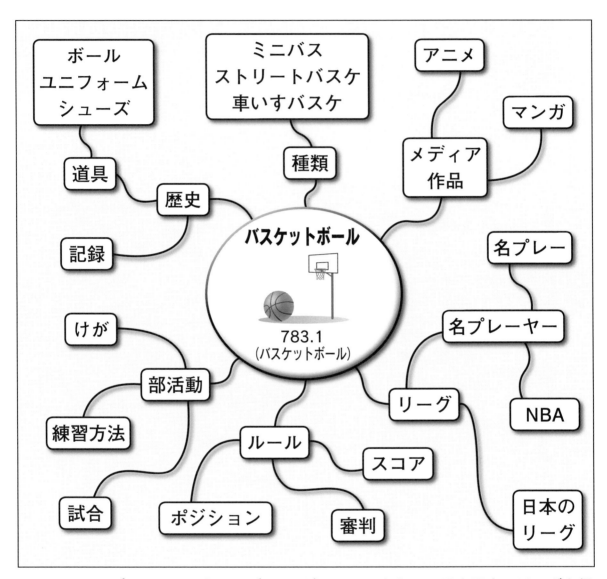

　アメリカのプロバスケットリーグ NBA がテーマの中心で、日本国内のリーグを扱う生徒は少数です。具体的には、エンターテインメントとしても高められている NBA の試合・世界トップレベルの華やかなプレーに魅力を感じているようです。ところが、NBA を含め資料にできる本は多くありません。もちろん、部活動に関連して練習方法に関する本は多数出版されていますが、今後の調べ学習向けの出版が待たれます。

わかりやすい バスケットボールのルール／すぐに試合で役に立つ！バスケットボールのルール 審判の基本

☆ ☆
伊藤恒 監修
成美堂出版 刊
Ａ６判
160ページ
本体価格：700円
2015年

☆ ☆
橋本信雄 監修
実業之日本社
新書判
192ページ
本体価格：1,200円
2012年

技術の進化に伴って改正されるルール。そのルールを正しく理解することが審判、選手、コーチにとって技術の向上につながるそうです。観戦する際も知識の有無で楽しみ方が変わりそう。具体例を写真やイラストで示している本が多いので、目次を比べ読みして好みに合う本を探させるとよいでしょう。（南）

できる！スポーツテクニック６ バスケットボール／バスケットボール 試合で勝てるチームの作り方

☆ ☆
阪口裕昭 監修
ポプラ社 刊
Ａ５判
159ページ
本体価格：1,600円
2010年

☆ ☆
田渡優 監修
池田書店 刊
Ｂ６判
192ページ
本体価格：1,200円
2014年

視点は様々ですが、バスケットボールの練習法についての本は多数出版されています。部活動をしている子どもを対象とした本が多いですが、本によって想定している読者は違うので、説明の仕方や内容、著者の考え方などを比較して合う本を選びましょう。写真やイラスト、文章量も様々です。（南）

バスケットボール物語

☆ ☆ ☆
水谷豊 著
大修館書店 刊
四六判
242ページ
本体価格：1,700円
2011年

バスケットボールの誕生から発展の歴史までを網羅的に紹介しています。誕生の地、カナダや世界屈指のプロリーグを持つアメリカの事情だけでなく、世界の状況についても説明があります。世界で初めてバスケットボールをプレーした人の中に日本人がいたなど、読み物としてもおもしろい一冊です。（南）

試合で勝つ！ バスケットボール 究極の戦術

☆ ☆ ☆
吉田健司 監修
メイツ出版 刊
Ａ５判
128ページ
本体価格：1,300円
2013年

バスケットボールの戦術を身につけ、個の力とチーム力を高めるコツを50紹介している本です。戦術は多数ありますが、すぐに実践できる基本的なプレーばかりを写真で解説しています。試合では必要な戦術を素早く選択する能力が必要です。多数の戦術を頭に入れておきましょう。（岡）

人気度 3.2 ☆☆☆

きのこ ― 自然界の陰の主役 ―

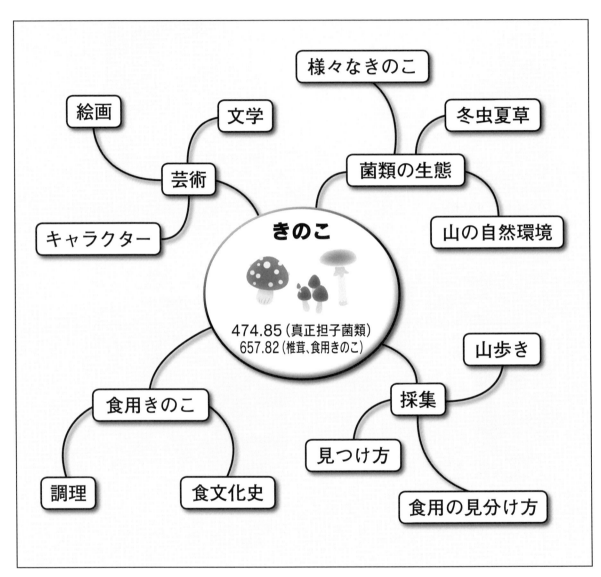

　見て楽しく、食べておいしいきのこ。古今東西、様々な文学作品やキャラクターのモチーフとしても登場し、偏愛する生徒も時として現れます。しかし、不思議でかわいらしいきのこ（子実体）は、実はきのこのほんの一部にすぎません。その下には、大きく広がった本体（菌糸体）があって、森の様々な有機物を分解しています。きのこは自然界の陰の主役なのです。

きのこの絵本 ちいさな森のいのち

☆ ☆
小林路子 文／絵
ハッピーオウル社 刊
Ａ４判
48ページ
本体価格：1,600円
2008年

　「きのこ画家」小林路子さんによる絵集。静的なボタニカルアート(植物画)ではなく、生き物としてのきのこを写実的に描写しています。様々な特徴を持つきのこをオールカラーで紹介し、イラスト付きの索引と併せて図鑑のように使えます。また、探し方や生態、自然界での働きも、絵でやさしく説明しています。(山)

子供の科学☆サイエンスブックス きのこの不思議
きのこの生態・進化・生きる環境

☆ ☆
保坂健太郎 著
誠文堂新光社 刊
Ｂ５判変型
96ページ
本体価格：2,200円
2012年

　図鑑のように、きのこの見分け方や種類の情報はありませんが、きのこの生態、構造、不思議な色や形の謎など、子どもが疑問に思うことを明らかにしてくれる本です。調査や研究結果を基に、専門的なこともわかりやすく解説されています。すべての漢字にふりがながふってあるので小学生でも読めます。（岡）

たのしい自然観察
きのこ博士入門

☆ ☆ ☆
根田仁 著　伊沢正名 写真
全国農村教育協会 刊
Ａ５判
176ページ
本体価格：1,700円
2006年

　様々な環境に適応してきた、きのこの生態を写真で紹介。きのこの自然界での役割について理解を深められる一冊です。「入門」と銘打ってはいますが、観察・採集・実験・写真の撮り方なども詳細に記述しており、著者・編者のきのこ愛が感じられます。きのこ研究を志す中高生にぴったりの一冊です。(山)

改訂版 きのこ検定公式テキスト

☆ ☆ ☆
ホクトきのこ総合研究所 監修
実業之日本社 刊
Ａ５判
176ページ
本体価格：1,500円
2016年

　きのこ検定のテキストです。きのこの歴史や栽培、健康効果や世界のきのこについて、初歩的なことから解説されているので、きのこについての知識を十分得ることができます。模擬試験は数ページだけ。随所にあるコラムも受検者は必読。日本で見られるきのこ150種を厳選し、図鑑としてもまとめられています。（岡）

人気度 3.2 ☆☆☆

コーヒー ― 世界中で飲まれる嗜好品 ―

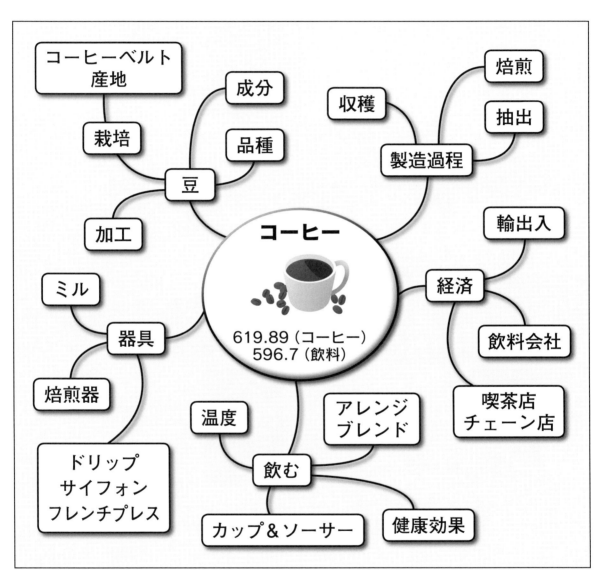

　毎日飲む人も多く、最近では健康効果やリラックス効果も高いとされるコーヒー。身近な飲み物だけあって、子ども向けから一般書まで数多く出版されています。豆の栽培から我々が飲むに至るまでの過程、豆の種類や産地、飲み方のアレンジを扱った本が多数あります。豆の産地や成分を調べる、焙煎から抽出まで自分でやってみるなど、幅広く取り組むことができるテーマです。

コーヒーの基礎知識

品切れ

☆ ☆
梧出版社 刊
Ａ５判
199ページ
2010年

　コーヒーについての基本情報を網羅した、「食の教科書」シリーズの一冊。栽培から抽出まで、一粒の豆がおいしいコーヒーとしていれられるまでの過程を余すところなく解説しています。自分でおいしいコーヒーをいれたい人のためのハウツーも掲載。コーヒーをテーマにした調べ学習にはもってこいです。（山）

コーヒー語辞典
珈琲にまつわる言葉をイラストと豆知識でほっこり読み解く

☆ ☆
山本加奈子 著
村澤智之 監修
誠文堂新光社 刊
Ａ５判
200ページ
本体価格：1,500円
2015年

　コーヒーにまつわる言葉を50音順に並べ、味のあるイラストと写真で読み解く辞典形式の本です。選ばれている言葉がおもしろく、専門的な事項からユーモアのあることまでバラエティーに富んでいます。文字とイラストの配置もとてもおしゃれです。同じようなテイストでほかのテーマの辞典も出版されています。（岡）

COFFEE BOOK　コーヒーの基礎知識・バリスタテクニック・100のレシピ

☆ ☆
Anette Moldvaer 著
江原健 訳　丸山健太郎 監修
誠文堂新光社 刊
23.1cm×19.3cm
224ページ
本体価格：2,600円
2015年

　世界中の様々な地域で生産、消費されているコーヒー。その味わいは、産地や焙煎方法、いれ方によっても変化します。特にその点に注目し、各産地から生まれる豆の特徴を気候風土から分析し、様々な国々の飲み方を紹介。長い歴史の中で変遷してきた、世界のコーヒー文化を俯瞰できます。（山）

コーヒー「こつ」の科学
コーヒーを正しく知るために

☆ ☆ ☆
石脇智広 著
柴田書店 刊
Ａ５判
188ページ
本体価格：1,800円
2008年

　コーヒー研究者が科学的な根拠をもとにＱ＆Ａスタイルで解説している本です。コーヒーの成分、焙煎方法、豆の挽き方、おいしくいれるこつなどを教えてくれます。カラーではありませんが、イラストが丁寧で専門的な内容を十分楽しむことができます。子どもにも評価が高い本です。（岡）

人気度 2.7 ☆☆☆

盲導犬 ― 人のために働く犬 ―

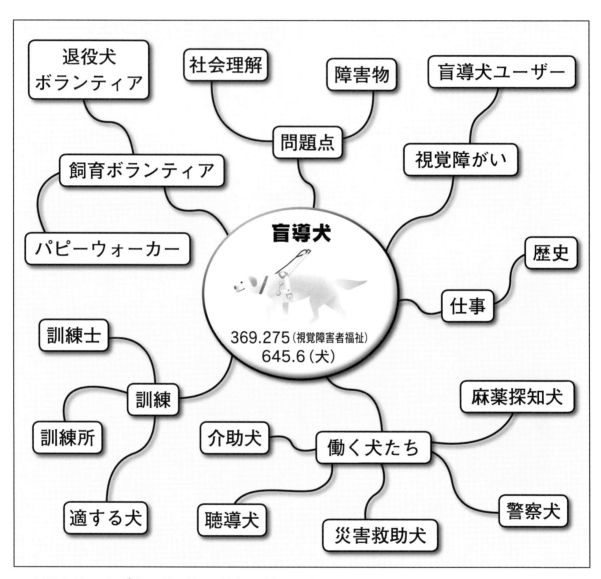

　人間と強いきずなで結ばれ、健気に働き、ドラマや本などメディアで取り上げられることも多い盲導犬です。パピーウォーカーなど、ボランティアの活動も見逃せません。盲導犬の不足、入店拒否、働きにくい街の環境などへの問題意識を持ってテーマに選ぶ子どもが現れます。関連した「働く犬」とともに、ドキュメンタリー系の出版点数が多いです。一方で、調べるための本は限られています。

Q&A 盲導犬
ともに暮らし、ともに歩き、広がる社会

品切れ

☆
松井 進 著
明石書店 刊
Ａ５判
144ページ
2007年

　盲導犬ユーザーである著者が、盲導犬との生活と視覚障害者が置かれている状況についてQ＆A形式で紹介しています。著者の経験に基づいているので説得力があり、特に２章の「盲導犬と暮らす」では、盲導犬の食事や睡眠、排泄のコントロールについてなど、ユーザーならではの情報が盛りだくさんです。（南）

社会でかつやくするイヌたち２ 盲導犬

☆
アイメイト協会 監修
こどもくらぶ 編・著
鈴木出版 刊
Ａ４判変型
32ページ
本体価格：2,200円
2002年

　目の不自由な人が自動改札に切符を投入するとき、盲導犬がどのように介助するか知っていますか。この本では、ネコの「ミー」を案内役に盲導犬とはどんな犬なのかを紹介していきます。盲導犬やユーザーの方々は私たちと関係のない世界にいるのではないという、「かんがえてみよう」のページもあります。（南）

はたらく犬１ 盲導犬・聴導犬
安全をいつも確認する犬たち

☆
学研編集部 編
学研 刊
Ａ４判変型
48ページ
本体価格：2,800円
2004年

　はたらく犬を全４巻で紹介するシリーズ。１巻では盲導犬と聴導犬に焦点を絞って紹介しています。盲導犬の仕事や訓練に加え、盲導犬ユーザー５名へのインタビューもあり、情報量は豊富。巻末にもっと知りたい人のためのブックリストやHP紹介があり、４巻には身体障害者補助犬法についての解説もあります。（南）

なるにはBooks91
ドッグトレーナー・犬の訓練士になるには

☆ ☆
井上こみち 著
ぺりかん社 刊
Ｂ６判
152ページ
本体価格：1,300円
2016年

　様々な職業と進路選択を紹介する「なるには」シリーズの一冊。本書では犬と社会をつなぐ役割を担う、盲導犬の訓練士など、犬の能力を引き出す職業を紹介しています。実際に仕事に携わる人々への取材と、職業解説で構成されています。見出しやわかりやすい章立てで読みやすいです。（山）

人気度 2.7 ☆☆☆

認知症 ― 正しい知識で対応しよう ―

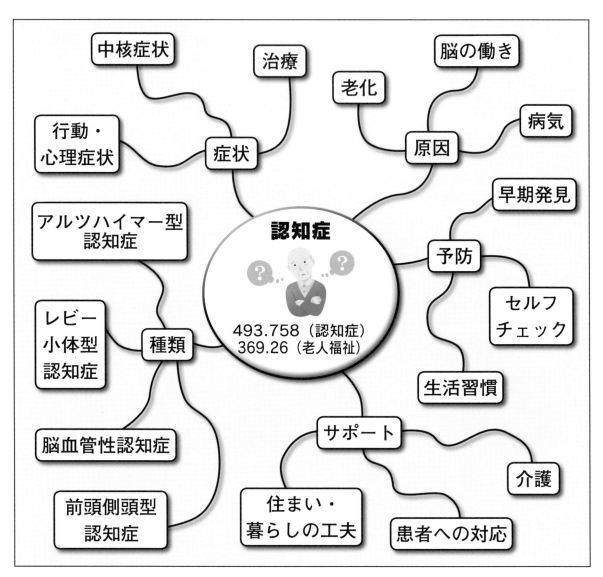

　認知症は、65歳以上の高齢者で7人に1人の割合で発症しているといわれています。そのためか、他人事ではない、という問題意識からテーマに選ばれています。解明されていないことも多く、医学的な内容は当然難解になります。子ども向けの詳しい本は見当たりませんが、中学生が読める程度の一般書が数多く存在します。また、患者への対応に焦点を当てた本もあります。情報が新しく、信頼できる著者の本を適宜選びましょう。

おじいちゃんおばあちゃんを知る本2
どうしてすぐに忘れちゃうの？ 認知症と病気

☆
井藤秀喜・小島喜孝・矢部広明 編
江頭恵子 文　水野あきら 絵
大月書店 刊
Ｂ５判
40ページ
本体価格：2,500円
2015年

　お年寄りのことを理解し、皆が社会の中でともに生きていくというテーマで、子ども向けに書かれたシリーズの一冊。本書では「もの忘れ」や「認知症」について解説します。科学的な理解と、考えられるサポートの方法といった具体的な手法を併せて提示。平易な文章とイラストで、わかりやすく構成されています。（山）

もっと知りたい！ お年よりのこと※
全5巻

☆
服部万里子 監修
岩崎書店 刊
Ａ４判変型
各48ページ
本体価格：各3,000円
2013年

　お年よりについてまとめた全5巻のシリーズ。超高齢社会の問題、介護や福祉など、お年よりに関わる仕事やボランティア、子どものころの遊びなど、内容は多岐にわたっています。認知症については2巻で触れられていますが、情報は多くありません。最初に手に取り、お年よりについて理解するのによい本です。（南）

こころライブラリー イラスト版
認知症の人のつらい気持ちがわかる本

☆
杉山孝博 著
講談社 刊
Ａ５判変型
100ページ
本体価格：1,300円
2012年

　認知症の人の立場に立って、その人が暮らしやすいサポートを考える資料です。イラストや図説を多用し、認知症の人が見えている世界や、周囲の理解度との齟齬から生まれるトラブルなどを、わかりやすく解説しています。「共感的に接する」という、言葉でわからない、具体的な対応策を示してくれます。（山）

認知症ぜんぶ図解

☆☆☆
三宅貴夫 著
メディカ出版 刊
Ｂ５判変型
208ページ
本体価格：1,800円
2011年

　著者は医者を退職後、認知症の妻の介護をしながら認知症の人と家族をサポートする会の顧問をしている方です。多面性を持つ認知症の概要を簡潔にまとめ、認知症を取り巻く視点が多岐にわたることを紹介しています。本文は4章からなり、ビジュアルでわかりやすい構成。さらに学びたいときのガイド付き。類書有り。（南）

※ 1. 年を取るってどういうこと？　2. 長生きってすばらしい　3. お年よりがくらしやすい社会へ　4. やってみよう、ボランティア　5. お年よりの力をかりて

人気度 2.7 ☆☆☆

城 ― 攻める、守る、住む、権力と支配の象徴 ―

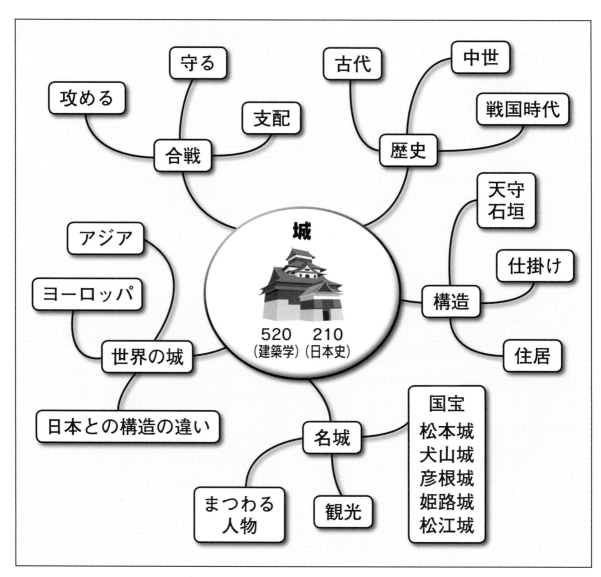

　日本各地に城郭や城跡があり、現代でも気軽に訪れることができます。校外学習や観光で訪れると、天守閣の立派さはやはり人をひきつけるようで、子どもは西洋の城との比較や、実際に行われた合戦などをテーマにしています。名城をめぐるガイド本、城郭の建築や構造、世界の城を紹介した本など、城に関連する本は多いですが、小中学生向けの本は少ないです。今後、出版が望まれます。

イラスト図解　城
城の基本知識と戦いのための構造がわかる

☆☆☆
小和田哲男 監修
日東書院本社 刊
Ａ５判
224ページ
本体価格：1,500円
2010年

　写真とイラストを豊富に使い、城の基礎知識、建築技術、戦い方、全国の「名城」を紹介している本です。実際の城がどのように使われていたのかがわかります。佐賀県吉野ヶ里遺跡も名城のひとつなど、意外な知識も得られます。巻末には名城ガイドもあり、旅行に持っていけるサイズなのが便利です。（岡）

日本の城　透視＆断面イラスト

☆☆☆
西ヶ谷恭弘 監修／文
香川元太郎 イラストレーション／文
世界文化社 刊
Ａ４判変型
416ページ
本体価格：2,800円
2009年

　古代から江戸時代までの代表的な城の断面図と建築技術をイラストで解説している本です。写真はありませんが、かなり細かい部分まで描かれたイラストに感心しきりです。専門用語も丁寧に説明されているので、中学生でも読みやすいです。本のサイズが大きく迫力も満点ですが、持ち運ぶには重いです。（岡）

城郭の見方・調べ方ハンドブック

☆☆☆
西ヶ谷恭弘 編著
東京堂出版 刊
菊判
230ページ
本体価格：2,400円
2008年

　「城郭史」の流れに沿って、建築・土木・歴史についてまとめた本格的な一冊。情報量は圧倒的です。字が小さく、難しそうに見えますが、特別な読み方にはふりがながふられ、項目ごとにまとめられているので調べるのに便利です。図解も詳しく、名称など細部までよくわかります。巻末の資料紹介も充実。（南）

サイエンス・アイ新書
図説・戦う城の科学

☆☆☆
萩原さちこ 著
ＳＢクリエイティブ 刊
新書判
224ページ
本体価格：1,100円
2015年

　軍事施設としての城に注目し、「軍事要塞としての城」の視点から、その歴史や仕組み、戦い方をまとめたコンパクトな一冊です。オールカラーで図解も多く、この一冊で城の基礎知識も専門用語も身につきます。城がどのように変遷してきたか、城を舞台にした戦い、訪れてみたい城19城も紹介されています。（南）

人気度 2.7 ☆☆☆

自衛隊 ― その使命と任務 ―

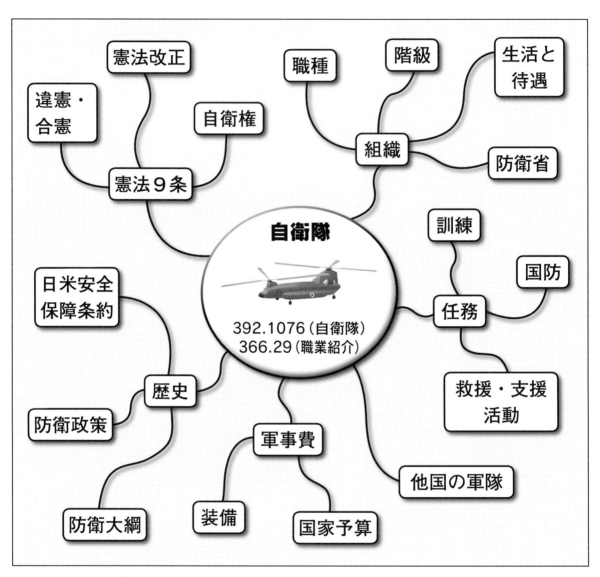

　自然災害時の救援活動やPKOなどの国際的な貢献活動などでも、自衛隊がしばしば注目されます。子どもの研究ではその組織や役割が主なテーマになります。出版状況としては子ども向けは少数です。しかも自衛隊を扱う書籍は、憲法9条関連と、武器や装備を紹介する軍事好き向けに二分されます。一方で、自衛隊をめぐる状況は国際環境や政局により変化するので、そうした情報も意識しながら学びたいものです。

写真とイラストでよくわかる！ 安全を守る仕事４
自衛隊

☆
国土社編集部 編
国土社 刊
Ａ４判
48ページ
本体価格：3,000円
2010年

　全４巻で安全を守る仕事を紹介するシリーズのうちの一冊。宇宙人の姉弟とその先生、ロボットを案内役にして自衛隊を紹介していきます。大きな写真やイラストを用い、ビジュアルにまとめています。案内役のコメントが軽いのが気になりますが、自衛隊の仕事や歴史、自衛官になるための方法も紹介されています。（南）

楽しい調べ学習シリーズ　よくわかる自衛隊
役割から装備品・訓練内容まで

☆
志方俊之 監修
PHP研究所 刊
Ａ４判変型
63ページ
本体価格：3,000円
2015年

　防衛、災害救助、平和維持活動など、現在では様々な役割を持つようになった自衛隊。多岐にわたるそれらの役割を、カラー図版を多用し、わかりやすい構成で解説しています。弾道ミサイル防衛や集団的自衛権の行使、サイバーテロに関することまで、自衛隊を取り巻く今日的な話題にも言及しています。（山）

まんがで読む防衛白書　平成28年版
防衛装備品と防衛装備庁の任務を知ろう！

☆ ☆
黒澤雅則 作画
影山紀子 原作
防衛省 刊
Ａ５判
72ページ
非売品（防衛省に申し込み）
2017年

　ストーリーを楽しみながら、防衛省・自衛隊を理解できる構成です。年度ごとに発行されているので、その年に防衛省が何を重要視しているかもわかるのが特徴。本書では「防衛装備庁の発足と装備調達・開発」が特集されています。広報課の刊行物なので、基本的にはほかの資料と併せて提供するのがよいでしょう。（山）

防衛白書　日本の防衛
平成29年版

☆ ☆ ☆
防衛省 編
防衛省 刊
Ａ４判
562ページ
本体価格：1,270円
2017年

　防衛省が毎年刊行している白書。日本の防衛のための様々な取り組みを、写真やコラム、図表も交え紹介しています。全体のダイジェストが巻頭にあり、そこを見ると一通りの内容がわかります。かなり難しいですが情報量は豊富。写真と図表がわかりわすく、読み解く助けになります。インターネットでも閲覧可。（南）

人気度 2.7 ☆☆☆

株式投資 ― お金を通じて社会に参加するために ―

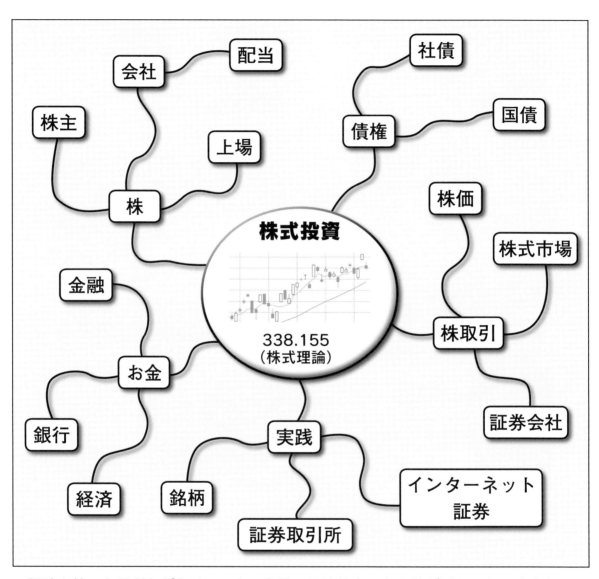

　興味を持った子どもがおり、一方で金融・経済教育の必要性が話題になる昨今なのですが、株式投資はハードルの高いテーマです。株式は資本主義経済にとって、お金を融通する大切なシステム(金融)です。これが理解できないと、投機やギャンブルと勘違いされてしまいます。単なる金もうけの手段ではないということを明記した、わかりやすく説得力のある、子ども向けの本は稀少です。

はじめまして！10歳からの経済学5
もしも会社をまるごと買収できたら

☆
泉美智子 文
松島ひろし 絵
ゆまに書房 刊
Ｂ５判
44ページ
本体価格：2,800円
2007年

　絵本の形で、物語を通して楽しみながら経済のことがわかるシリーズの一冊。主人公はたったの１クリックで投資を行い、会社をまるごと手に入れる……というところからお話が始まります。ネットワーク社会が生み出した、現代的な会社経営・株式投資の仕組みを、とてもわかりやすく理解できる資料です。（山）

用語でわかる！
経済かんたん解説　上巻

☆
大瀧雅之 著
こどもくらぶ 編
フレーベル館 刊
Ａ４判変型
128ページ
本体価格：3,800円
2007年

　株式投資について学ぶ上で経済についての知識は必要不可欠です。この本では、よく使われる経済用語の中から重要性の高い事柄を取り上げて詳しく解説しています。通読することで日本と世界の経済についても理解でき、「株」本来の意味を知るのに便利です。生徒からも支持されている一冊です。（南）

職場体験完全ガイド18　お金をあつかう仕事
銀行員・証券会社社員・保険会社社員

☆☆☆
広沢大之助 文
ポプラ社 刊
Ａ４判変型
47ページ
本体価格：2,800円
2010年

　職場体験型授業向けの資料。巻ごとにテーマが設定され、仕事内容、一日のスケジュールなど、オールカラーの図説を交えてわかりやすく構成されています。証券会社における仕事内容がよくわかります。一人の社員に取材する形で構成されているので、実際にフィールドワーク取材を行う際の参考にもなります。（山）

アメリカの高校生が読んでいる
金融の教科書

☆☆☆
山岡道男・淺野忠克 著
アスペクト 刊
Ａ５判
240ページ
本体価格：1,700円
2009年

　米国で幼稚園児から高校生までを対象として非営利組織CEEによって行われている経済教育。CEEとともに研究をしている日本の大学教授らが日本人向けに「バブル、金融危機から見る金融の仕組み」の講義をしたという設定で書かれている本です。高校生エリと先生の会話で理解を深められます。難しめ。（南）

人気度 2.7 ☆☆☆

チーズ ― 乳から生まれるおいしい世界 ―

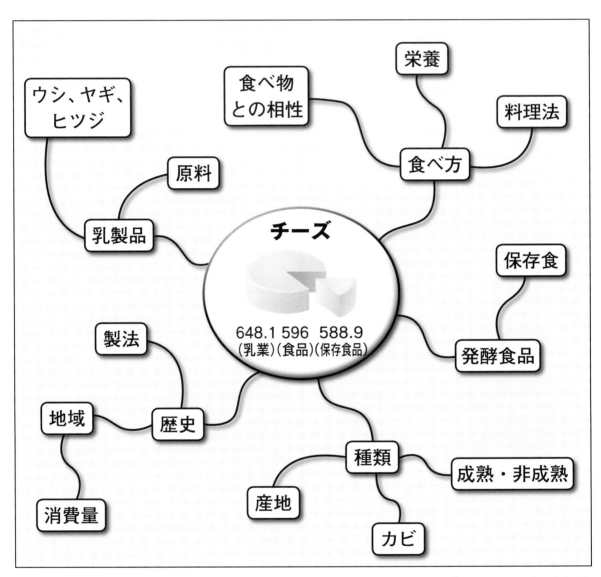

　チーズにはたくさんの種類があり、店頭でもよく目にする機会があるので、興味を持つ子どもが多いようです。しかし、カタログのような本を含め、一般書は比較的多く流通しているのに対し、子ども向けの本は少なく、特に中学生向けの本はほとんどありません。牛乳や乳製品・発酵食品を扱った本の中にも記述を見つけられます。熟成の必要がないカッテージチーズなら、自宅で作れて楽しいです。

つくってあそぼう 第2集 7 チーズの絵本

☆
かわぐちおさむ 編
はやかわじゅんこ 絵
農山漁村文化協会 刊
ＡＢ判
36ページ
本体価格：1,800円
2005年

　チーズの作り方について詳しく説明した子ども向けの本。歴史や種類、地域色、食べ方など、チーズについての一通りのこともわかります。実際作ってみることによって先達の生活の知恵や工夫を感じ、自分の食生活を顧みる機会に、という著者の思いが伝わります。巻末の解説は詳しく役立ちます。（南）

坂本廣子のチーズ・ヨーグルトクッキング
たべよう！ チーズ、ヨーグルト

☆
坂本廣子 著
まつもときなこ 絵
偕成社 刊
Ａ４判変型
39ページ
本体価格：1,400円
1995年

　チーズとヨーグルトのお料理本。文章での説明はあまりなく、マンガやイラストで説明されています。チーズの種類や歴史、日本にどのように伝わったかなど、基本的なことはわかります。少し古いですが、料理の完成形は写真、手順はイラストで説明されており、子どもにもわかりやすいです。（南）

知りたかったチーズの疑問 Q&A
牧場から食卓までチーズの疑問になんでも答えます

☆☆☆
坂本嵩 著
飛鳥出版 刊
Ａ５判
199ページ
本体価格：1,300円
2011年

　一問一答形式でチーズに関する疑問に答えます。後にもう少し詳しい説明もあり、自分の興味の度合いによってどこまで読むかを選べます。チーズとは何かという初歩的な疑問から、EUの保護制度、地域別の消費や特徴についてなど、専門的な質問までわかりやすく解説しています。イラストがないのが残念。（南）

食品知識ミニブックスシリーズ チーズ入門

☆☆☆
服部宏・白石敏夫 著
日本食糧新聞社 刊
Ｂ６判
255ページ
本体価格：1,200円
2004円

　チーズアドバイザーを目指す人など、チーズについて詳しく知りたい人向けに書かれています。内容は専門的で、イラストもなく字も小さいですが、チーズの輸入や消費量などデータがよくまとまっていて使えます。食べ物やお酒との相性についても詳しく、子どもが知りたいことを調べられる本です。（南）

人気度 2.7 ☆☆☆

スポーツ栄養学 ― 食べてつくる・スポーツする体・強い体 ―

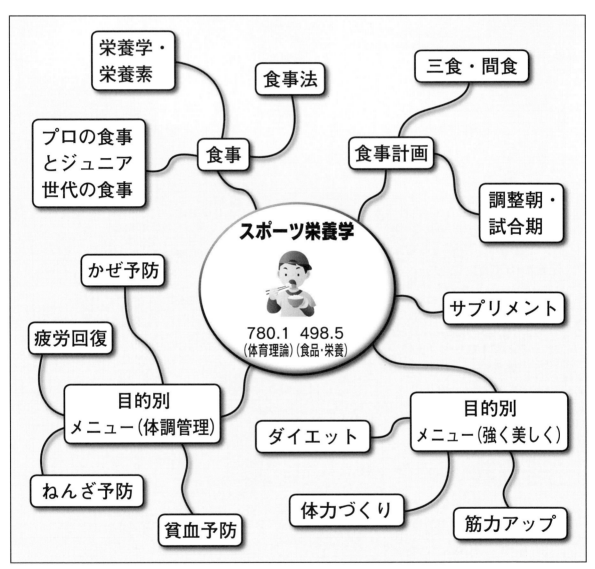

　スポーツする子どもにとって、強い体づくりは重要な問題です。スポーツ栄養学を学び、実際に食べて体をつくりたいと考える動機を持った男子が現れる場合が多いです。資料は多数出版されています。理論を学びたい、レシピを知りたい、あるいはサッカーや野球など競技別になど、目的に合わせて選ぶことができます。また、実際に作って食べれば、バランスのよい健康的な食生活の習慣も身につくことでしょう。

Q&A式 子ども体力事典3
体力をつける食事

☆
宮崎義憲 総監修
服部津貴子 監修 こどもくらぶ 編
ベースボール・マガジン社 刊
Ａ４判変型
32ページ
本体価格：2,200円
2010年

　体力向上を目指す全４巻シリーズの一冊。見開き２ページのＱ＆Ａ形式で解説されています。第３巻は食事について取り上げ、筋肉をつけるための食事、骨折をしない体をつくるための食事など、具体的な目的別の食事を解説し、オリジナルメニューを写真入りで紹介しています。巻末に索引もあります。（南）

みんなで一緒に強くなろう
ジュニアのためのスポーツ食事学

☆☆
柴田麗 著
学研 刊
Ａ５判変型
152ページ
本体価格：1,400円
2012年

　スポーツ選手の栄養サポートやスポーツ栄養の普及活動を行っている著者が、スポーツをする上での食事の大切さを丁寧に説明します。栄養についての基礎知識や実際の献立のほか、子ども自身が実践できる栄養ドリルがあり、子どもの強くなりたいという気持ちを応援してくれる一冊です。（南）

持久力・瞬発力・筋力をつける！
10代スポーツ選手の食材事典

☆☆
川端理香 著
大泉書店 刊
Ａ５判
208ページ
本体価格：1,200円
2014年

　10代は成長期のため、年齢によって必要な栄養素が違ってきます。年齢に応じて必要な栄養素を知り、効率よく食べるためのポイントが詰め込まれています。穀類、肉類、魚介類といった食材別に、栄養素、働き、レシピを紹介しています。日々の練習と同等に、食事も体づくりに重要だと実感します。（岡）

アスリートのための食トレ
栄養の基本と食事計画

☆☆☆
海老久美子 著
池田書店 刊
Ａ５判
192ページ
本体価格：1,400円
2010年

　アスリートを育てる・サポートする人に向けた本です。まずは栄養と運動の関連性を解説。選手の食事は、競技の年間計画スケジュールに合わせて考えられています。おいしく食べながら体力をつけることを目的に、アスリートを育む食材100を選び、日本食を中心にメニューを紹介します。（岡）

人気度 2.3 ☆☆

宝石 ― 人をひきつけるその輝き ―

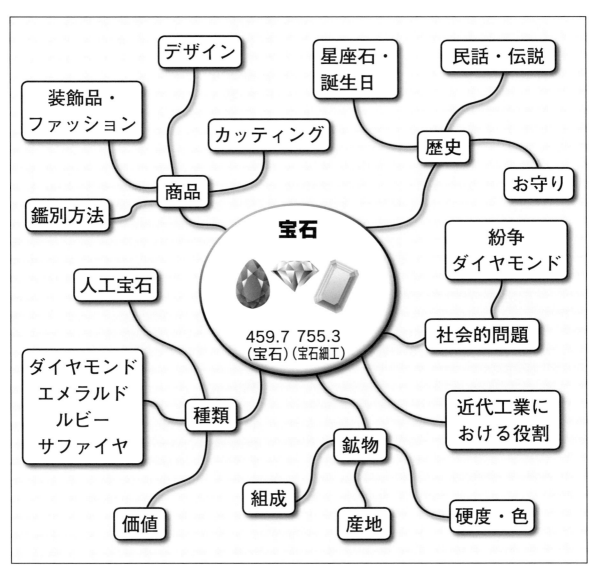

　誕生石や装飾品など、いつかは手にしたいと子どもたちは宝石に憧れを持っているようです。宝石の魅力を伝える本が豊富に出版されていますので、今回は鉱物がメインの本を避けました。宝石の持つ長い歴史や文化とともに、ダイヤモンド生産にまつわる問題など、美しいだけではない一面も伝えたいものです。男女問わず人気のあるテーマです。結晶づくりや、鉱物採集など、フィールドワークも楽しめそうです。

ずかんシリーズ　ずかん宝石
見ながら学習 調べてなっとく

☆
飯田孝一 監修
川嶋隆義 写真
技術評論社 刊
Ｂ５判
136ページ
本体価格：2,680円
2012年

　真珠や琥珀、観賞用岩石なども併せ、宝石を独自に選んで紹介する本です。子ども向けに専門的な理論や表現は避けて、宝石とはどういうものか丁寧に説明し、図鑑形式で様々な宝石を紹介しています。写真が美しく、ビジュアルな工夫がされています。装飾品としての宝石についての記述はあまりありません。（南）

自然がつくった芸術品
鉱物・宝石のふしぎ大研究
でき方や性質・用途を探ろう！

品切れ

☆
松原總 監修
PHP研究所
Ａ４判変型
63ページ
2010年

　宝石も含まれる鉱物とはなにか、鉱物はどのようにできるのかを初歩から説き起こしています。宝石好きだった古代人の話や人工ダイヤモンドの作り方、紫外線で光る鉱物の謎などわくわくする話に加え、「砂漠のバラ」など、自然が作り出す不思議な形の結晶についても触れています。巻末に実験紹介有り。（南）

「知」のビジュアル百科２　結晶・宝石図鑑

☆☆
R.F.シムス・R.R.ハーディング 著
伊藤恵夫 日本語版監修
あすなろ書房 刊
Ａ４判変型
64ページ
本体価格：2,500円
2004年

　結晶と、結晶を加工して芸術にまで高めた宝石・宝飾の世界を紹介する博物図鑑。宝石についての解説に加え、宝石の価値やカッティング、迷信や神話との関係、工業製品における役割までも紹介し、宝石についての一通りのことがわかります。写真が大きく美しく、ページ構成もおしゃれです。（南）

おもしろサイエンス　宝石の科学

☆☆☆
宝石と生活研究会 編著
日刊工業新聞社 刊
Ａ５判
140ページ
本体価格：1,500円
2011年

　宝石の魅力を科学的な視点から読み解こうとする本。社会的な問題にも触れ、紛争ダイヤモンドや宝石がマネーロンダリングの道具に使われていたことも紹介。採掘法や選鉱についても解説され、原石の産出から宝石誕生までにもスポットを当てているのがユニークです。本文は白黒ですが、おもしろく読めます。（南）

人気度 2.3 ☆☆

忍者 ― 虚実紛れる、謎に満ちた古の戦士 ―

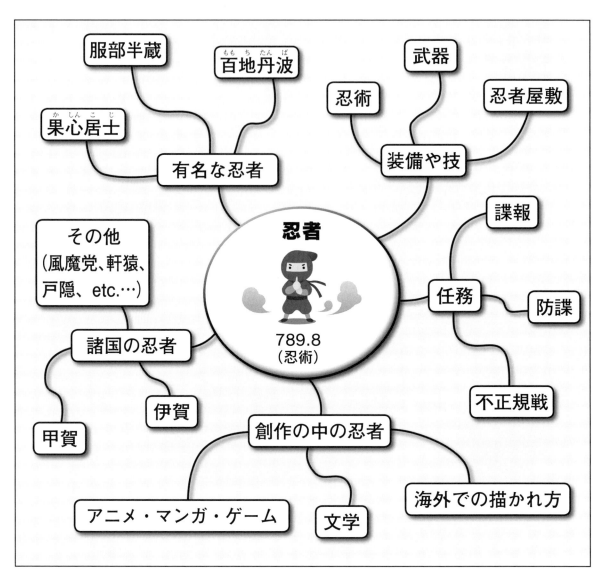

　古くから創作のテーマになってきた「忍者」。人並み外れた身体能力と技の数々は、多くの人々を魅了してやみません。近年はマンガやアニメを通じて、世界中にもそのファンを増やしています。しかし、伝承のような忍者が本当に存在したのかどうかは定かではありません。調べ学習においては、資料が創作なのか、歴史的事実を踏まえた資料価値の高いものなのか、判断が必要でしょう。

なるほど忍者大図鑑

☆
ヒサ クニヒコ 絵／文
国土社 刊
Ａ４判
72ページ
本体価格：3,800円
2009年

　児童書で多くの挿絵を描いてきた、ヒサ クニヒコさんの本。忍術や武器など、子どもが興味あるトピックに焦点を当て、愉快な絵と、マニアックな解説で、忍者の魅力に浸れます。イラスト中心で、目で見て楽しい図鑑に仕上がっています。漢字にはふりがなをふってあるので、小さい子どもから読めます。(山)

正伝 忍者塾
忍者に学ぶ心・技・体 上・下巻

☆☆
黒井宏光 監修
鈴木出版 刊
Ａ４判
各39ページ
本体価格：各2,800円
2011年

　「忍者になりたい人」を対象に書かれた本。歴史や掟、適性チェックもありますが、メインは忍者になるためのトレーニングです。写真を使っての具体的な説明は、この本に書かれていることをマスターすれば忍者になれるかもという気持ちになり、わくわくします。武器や忍術についても詳しく説明しています。(南)

イラスト図解 忍者
起源から忍術・武器まで闇の軍団の真実に迫る！

☆☆
川上仁一 監修
日東書院本社 刊
四六判
224ページ
本体価格：1,300円
2012年

　伊賀流忍者博物館名誉館長をはじめ多くの忍者に関する肩書きを持つ著者による詳細な忍者解説本。歴史や忍術、忍具から猿飛佐助など「伝説の忍者」まで、忍者に関することが一通り解説されています。見開き２ページを基本として見てわかるよう工夫して書かれており、忍者を題材にした作品紹介も興味深いです。(南)

雄山閣アーカイブス 歴史編 忍びと忍術
― 忍者の知られざる世界 ―

☆☆☆
山口正之 著
雄山閣 刊
四六判
192ページ
本体価格：1,800円
2015年

　秘伝のため研究の難しい忍術と忍者の生態についてまとめた一冊。様々な観点から忍者について記されています。歴史や組織を概説するだけでなく、忍者と科学、文学、教養、倫理観に至るまで、実際に組織として運用されていた背景がよくわかる内容構成になっています。文章で詳細に説明され、情報量は抜群です。(山)

人気度 2.3 ☆☆

将棋 — 81マスの攻防 —

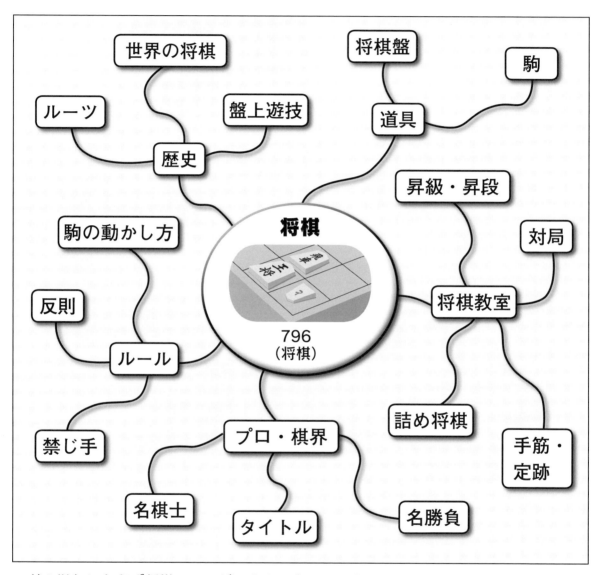

　どの学年にも必ず将棋ファンがいます。家の人と楽しんだり、時には街の教室に通って大会に出場したりする子がいます。資料も初歩の入門書から高度な定跡（その局面で最もよい指し方）を指南する本、将棋の歴史、棋界・名棋士など、様々なテーマで出版されています。しかも、一定の顧客が見込めるからでしょうか、入門書は何年かおきに新版が出版されています。

子ども版 将棋のルールを覚えた次に読む本

☆
青野照市 著
創元社 刊
Ａ５判
192ページ
本体価格：1,200円
2012年

　タイトル通り、将棋のスキルアップを図りたい初学者向けの資料です。ふりがながふってあり、小学校低学年からでも読めます。「こんなときにどうする？」の形式で、章が進むごとにステップアップできるように構成されています。単に定跡を解説するにとどまらず、想定される様々な手を読者に考えさせています。(山)

プロフェッショナル仕事の流儀７／囲碁／将棋にかかわる仕事

☆ ☆
茂木健一郎・NHK「プロフェッショナル」制作班 編
NHK出版 刊
B6判変型
176ページ
本体価格：1,000円
2006年

☆ ☆
ヴィットインターナショナル企画室 編
ほるぷ出版 刊
Ａ５判 148ページ
本体価格：2,200円
2005年

　プロ棋士についての本２冊。将棋を仕事にするとはどういうことか、どんなタイトルがあり、賞金はどれくらいなのかといったことがわかります。現役棋士の声にも触れられるので、テレビ画面の向こうのタイトル戦も身近に感じられるようになるかも。プロ棋士になるまでの道のりもわかります。(南)

NHK将棋シリーズ 今から始める将棋
ルールから指し方まで

☆ ☆
野月浩貴 著
NHK出版 刊
Ａ５判
208ページ
本体価格：1,200円
2013年

　入門書よりちょっと高度な一冊。駒の動かし方など将棋のルールを知っている中級者向けで、手筋や定跡など、実戦に役立つことをメインに扱っています。将棋は「礼儀や決まりを大切にする競技」ということで、駒を取るときの作法やあいさつについても説明があります。(南)

将棋タイトル戦30年史 1984～1997年
将棋タイトル戦30年史 1998～2013年

☆ ☆ ☆
週刊将棋 編
日本将棋連盟 刊
マイナビ出版 販売
Ａ５判
528ページ／544ページ
本体価格：各2,880円
2014年

　1984年から2013年までのタイトル戦を、局ごとに振り返る資料です。当時の雑誌記事や図説を多用し、名局を解説します。技術に関することだけでなく、将棋の時事ネタや棋士にもフォーカスし、時代ごとに移り変わってきた将棋界の歴史を俯瞰できます。将棋の戦法、歴史、棋士など、様々な研究に対応できます。(山)

人気度 2.3 ☆☆

すし ― 身近なごちそう ―

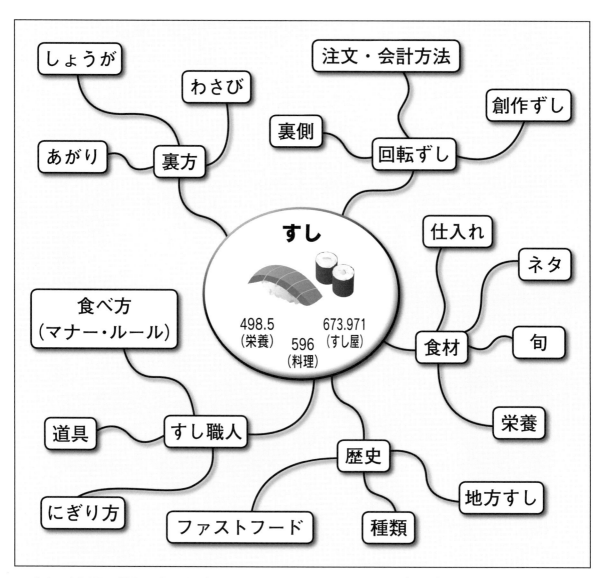

　すし（寿司・鮨）、中でも安価で手軽に食べられる回転ずしがテーマとして人気があります。すし自体の歴史の深さや食材の豊富さに加え、回転ずしには店ごとに値段設定や注文方法などの販売方法に工夫があり、すしづくりの最新技術も興味深いものがあります。特に男子をひきつけるテーマです。家で実際にすしを握ってみたり、お店に取材に出かけたりと、フィールドワークも楽しめそうです。

※：1.日本全国さまざまなすし 2.すしだねのいろいろ 3.すしをささえる伝統の技 4.進化するSUSHI 5.すしにかかわる仕事人

すしから見る日本 全5巻※

☆
川澄健 監修
文研出版 刊
Ａ４判変型
各48ページ
本体価格：各2,800円
2015年〜2016年

　すしを取り巻く様々な事柄を取り上げて、日本の食文化に対する理解を深め、海外に発信していこうというシリーズです。歴史、作り方、関わる仕事、海外での展開など、多様な切り口で子どもの興味を刺激しています。大判、フルカラーで図版も多用し、「すし」を扱った資料としては申し分ありません。（山）

つくってあそぼう第5集 21　すしの絵本

☆
ひびのてるとし 編
もりえいじろう 絵
農山漁村文化協会 刊
ＡＢ判
36ページ
本体価格：1,800円
2007年

　すしの歴史と作り方をメインに紹介しています。東南アジアから日本に伝わり、日本の中でも様々に変化して現在のすしに至ること、日本各地に独特なすしがあることがわかります。イラストにインパクトがあり、調べる本としては少し癖がありますが、作り方についても大変丁寧に紹介されています。（南）

国際理解にやくだつ NHK地球たべもの大百科14
日本 江戸前寿司

☆
谷川彰英 監修
ポプラ社 刊
Ａ４判変型
40ページ
本体価格：2,600円
2001年

　すしの歴史から日本の食べ物について考える本。「江戸前寿司」を取り上げ、江戸前と呼ばれる３つの条件や、江戸の郷土料理だったものが全国に広まった秘密などを紹介。ネタについても、輸入ものが増えていることや、ネタの種類が魚介類に限っても軽く100種を超えることなどがわかります。（南）

とんぼの本　鮨12ヶ月

☆☆☆
石丸久尊・杉本伸子・
野中昭夫・早瀬圭一 著
新潮社 刊
Ａ５判
127ページ
本体価格：1,400円
2011年

　季節感を失いつつある現代、すし職人の12か月に密着して「すし屋から旬を追う」というコンセプトで書かれた本です。旬のすしが写真と文章で紹介されています。おいしそうな写真からは手をかけられたすしならではの魅力が、巻頭の店主の前口上からは、すし職人としての矜持が伝わってきます。（南）

人気度 2.3 ☆☆

目 － もっとも大切な感覚器 －

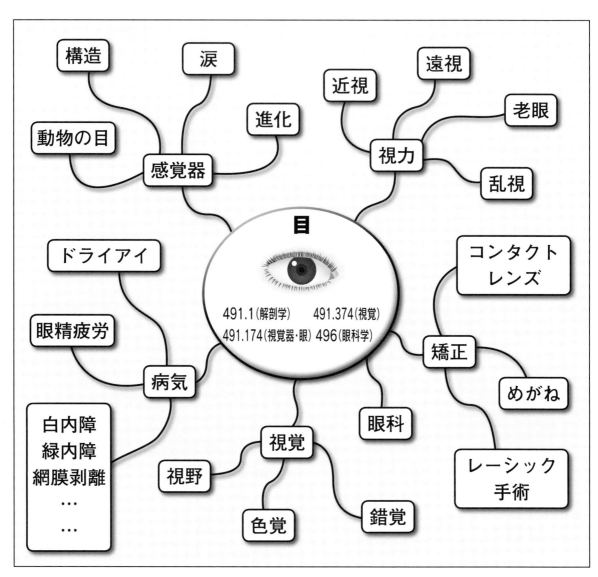

　視力のよしあしや物が見える仕組みなど、目は子どもにとって大変興味深い器官です。コンタクトやめがねで視力を矯正している者も多く、眼科も身近な存在です。子ども向けに一冊丸ごと目について書かれた本は、現在入手できません。しかし、体の仕組みの本の中に記述がかなりあり、役立ちます。また、動物の目の機能や進化に関するおもしろい本もあります。関連して錯覚（錯視）も人気があります。

ポプラディア情報館12　人のからだ

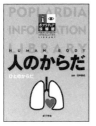

☆
坂井建雄 監修
ポプラ社 刊
Ａ４判変型
207ページ
本体価格：6,800円
2006年

　人間のからだについての基本的なことから最新の医学情報までをビジュアルで解説しています。感覚器の項目があり、五感の仕組みがわかります。目についてのページは少ないですが、コンパクトにまとめられており、巻末のデータ集から眼球の直径や重さ、まぶたの厚さなどが具体的にわかるのもおもしろいです。（南）

調べよう！知ろう！　体とスポーツ３　目

☆
布施昇男 監修
稲葉茂勝 企画・構成　こどもくらぶ 編
ベースボール・マガジン社 刊
Ａ４判変型
32ページ
本体価格：2,800円
2017年

　スポーツの視点からの解説ではありますが、目の構造、脳との関係、目の守り方、トレーニング方法など、日常生活でも役立つ情報を得られる本です。毎日フル活動している「目」が身体の一部としていかに大切かが再認識できます。特にスポーツでは、目のけがや視力が競技に大きく影響することがわかります。（岡）

解剖博士・竹内修二先生の はて・なぜ・どうして　からだのしくみクイズ１
感じる・考える・行動するしくみ編

☆
竹内修二 監修
合同出版 刊
Ａ５判
112ページ
本体価格：1,300円
2006年

　脳や神経、感覚器の働きを51のクイズにまとめて紹介しています。目についてのクイズは11問で、目の色が違う理由や、悲しいときと悔しいときで涙の量は違うのかといった疑問にQ＆A形式で答えます。基本事項の解説ではなく、疑問に答えるという視点から書かれているのが興味深い一冊です。（南）

メディカルサイエンスシリーズ８　眼の話／
図解・決定版　目のトラブルを解消する　正しい治療と最新知識

☆☆　　　　　　　☆☆
河合憲司 著　　　戸張幾生 著
東海大学出版部 刊　日東書院本社 刊
Ｂ６判　　　　　　Ａ５判
160ページ　　　　208ページ
本体価格：1,600円　本体価格：1,300円
2007年　　　　　　2012年

　目の病気についての本は多数あります。どの本も、目の仕組みを一通り解説したあと、異常サインと目の病気を紹介します。めがねや眼科の選び方について記述のある本もあります。レーシックについて書かれている本もありますが、合併症など、リスクについてもきちんと書かれている本を選びたいものです。（南）

人気度 2.3 ☆☆

ユニバーサルデザイン ― 誰にでも使いやすく ―

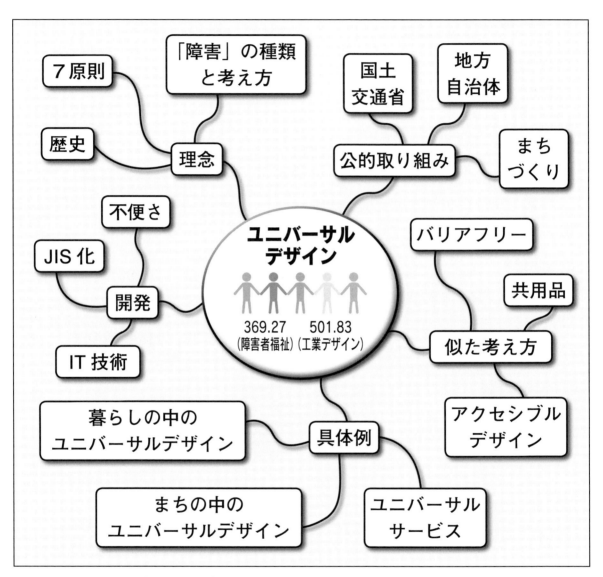

　ユニバーサルデザインは授業でもなじみのある言葉です。学ぶうちに自身の「当たり前」が、人によっては当たり前にはなり得ないなど、世界を見る目が変わるきっかけになるテーマといえます。調べ学習向けにはビジュアルを重視したシリーズ本が、やや紋切型の内容ですが多数出版されています。公共機関や市立施設など、身の回りにあるユニバーサルデザインを探して写真を撮って歩くなどフィールドワークも楽しめそうです。

みんなのくらしを便利に　全3巻／[※1]
つながる・ささえあう社会へ　全3巻[※2]

☆
東京大学先端科学技術センター
バリアフリープロジェクト 監修
あかね書房 刊
Ａ４判
各47ページ
本体価格：各3,000円
2006年

☆
神保哲生 監修
あかね書房 刊
Ａ４判
各47ページ
本体価格：各3,000円
2012年

　1期3巻、2期3巻の全6巻。1期は「ユニバーサルデザイン」の考え方を主に解説し、2期は社会環境のデザインを考えていきます。項目ごとにイラストと文章でまとめてあり、情報量もそれなりにあるため、調べてまとめるのに便利。2期では世界や人以外のものへも目を向けています。関連本紹介、索引有り。（南）

みんなのユニバーサルデザイン[※3]
全6巻

☆
川内美彦 監修
学研 刊
Ａ４判変型
各48ページ
本体価格：各2,800円
2013年

　身近なことから広げて考える全6巻のシリーズ。1冊ずつでも使えますが、関連のある項目のガイドがページの下部にあり、シリーズとしてのつながりがあります。「ユニバーサルデザインとは何か」という問いをインタビューから深めていきます。2006年に施行された「バリアフリー新法」の解説も有り。（南）

ユニバーサルデザインと
バリアフリーの図鑑

☆
徳田克己 監修
ポプラ社 刊
Ａ４判変型
199ページ
本体価格：6,800円
2013年

　「障がいのある人に興味を持つきっかけになってほしい」という監修者の思いが伝わってくる一冊です。ただ道具や物を紹介するのではなく、「誰でも便利って、どういうことだろう」といったように、問いを投げかけてから解説があるという構成です。写真ですが、実際の道具がたくさん見られます。（南）

人にやさしい社会をつくる　ユニバーサルデザインが
わかる事典　文房具から公共施設・情報まで

☆
柏原士郎 監修
PHP研究所 刊
Ａ４判変型
79ページ
本体価格：2,800円
2009年

　字やイラストが大きく、本を読むのが苦手な子も手に取りやすいよう工夫されています。身近にあるものが、どれだけ考えて作られたものなのかに驚かされます。サービス・情報のユニバーサルデザインやバリアフリーとの違いにも触れ、誰もが安全で便利な社会とはどういった社会なのか、考えさせられます。（南）

※1：
1. ユニバーサルデザインってなに？
2. くらしの中のユニバーサルデザイン
3. まちのユニバーサルデザイン

※2：
1. 多様性を大切にするユニバーサルデザイン
2. 持続可能な社会をつくるユニバーサルデザイン
3. 災害から学ぶユニバーサルデザイン

※3：
1. 家族と考えるユニバーサルデザイン
2. 学校で考えるユニバーサルデザイン
3. 町の人とつくるユニバーサルデザイン
4. 社会で取り組むユニバーサルデザイン
5. 活動の場を広げるユニバーサルデザイン
6. これからのユニバーサルデザイン

人気度 2.3 ☆☆

獣医 ― 人と動物が共生するために ―

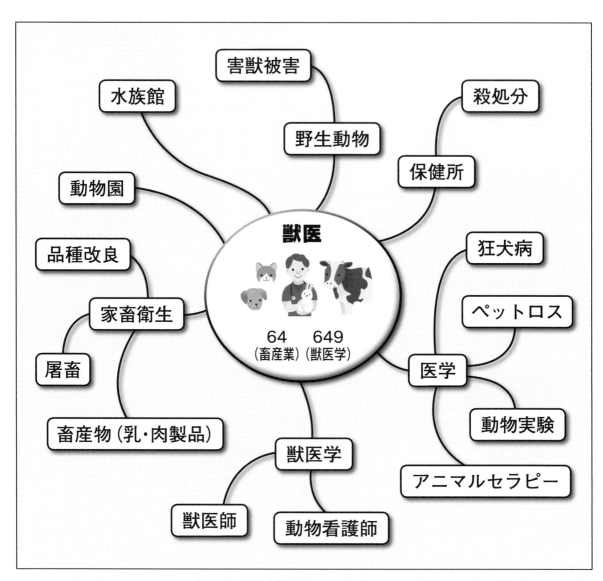

　コンパニオン・アニマルという言葉が登場するなど、人と動物の関係が変化しつつある昨今。「動物が好き！」という思いで、動物医療に関わる仕事を目指す子どもも増えています。しかし命を扱うテーマに生半可なものはありません。問題は根が深く、容易にひとつの解決策は見つかりません。それゆえに、様々なことを考えるきっかけとなるよいテーマでもあります。

職場体験学習に行ってきました。10
動物にかかわる仕事　動物病院・乗馬クラブ／水族館

☆☆
全国中学校進路指導連絡協議会 監修
学研 刊
Ａ４判変型
40ページ
本体価格：2,500円
2014年

　動物病院の一日のスケジュールや、各業務の詳細、現職獣医・看護師の解説、獣医師になるためのフローチャートなどを掲載。中学生の職場体験に沿って職業が紹介されるので、子どもが読みやすい構成です。キャリア教育モデル校の授業事例を、一連の流れで紹介しています。教職員にも参考になる資料です。（山）

扶桑社文庫　珍獣の医学／ "珍獣ドクター" の動物よろず相談記

☆☆☆
田向健一 著
扶桑社 刊
文庫判
326ページ
本体価格：760円
2016年

☆☆☆
田向健一 著
河出書房新社 刊
四六判
236ページ
本体価格：1,600円
2013年

　多様な動物が飼育されるようになった昨今、いまだ犬猫のみ対象の動物病院が多いのが実際です。この２冊はどんな動物でも診ようとする獣医によるエッセイで、犬猫はもちろん、爬虫類から猛禽類、魚やカエルまで、悪戦苦闘しながら命に向き合う体験が楽しくつづられています。生徒もよく読んでいる資料です。（山）

改訂版 イヌ・ネコ・家庭動物の医学大百科

☆☆☆
山根義久 監修
動物臨床医学研究所 編
パイインターナショナル 刊
Ｂ５判
760ページ
本体価格：3,800円
2012年

　イヌ・ネコ（その他５種の小動物）の医学百科事典です。飼育の基礎知識から、症状別に考えられる病気とその原因、観察、対処方法までを、動物臨床医学に基づいて解説しています。一般の飼育者だけでなく、獣医師、動物看護士などの動物医療従事者も対象に、かなり専門的なところにまで踏み込んだ一冊です。（山）

家庭犬の医学

在庫僅少

☆☆☆
川野浩志 著
オクムラ書店 刊
Ｂ６判
241ページ
本体価格：1,600円
2010年

　獣医師による、犬に関する知識と異常時の対処法、雑学をまとめた一冊です。「犬にも花粉症があるの？」「犬が尿失禁したら？」といった質問に参考文献なども示して丁寧に回答しています。ペットを飼う以上は避けられない、ペットロスとグリーフワークについても触れられています。（南）

67

人気度 2.3 ☆☆

コウモリ ― 意外と身近な野生動物 ―

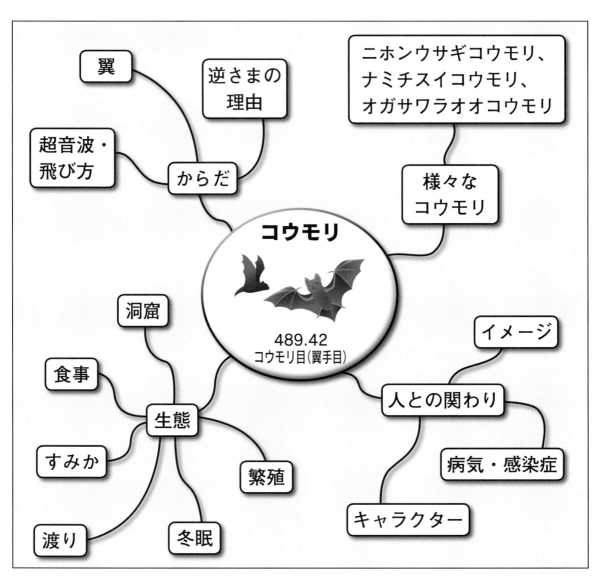

　身近にいるのによく知らない哺乳動物の代表がコウモリです。暗闇を飛び回り、逆さにぶら下がって生活し、しかも吸血する種類もいるというのですから、子どもたちはその不思議な生態に興味をひかれています。特に男子に人気があります。著者の熱い思いが伝わってくるよい本が出版されています。注意すれば都市部の住宅地でも姿を目にすることができますし、動物園でも実物を観察することができます。

子供の科学★サイエンスブックス
身近で観察するコウモリの世界
町を飛ぶ不思議な野生動物

☆☆
大沢夕志・大沢啓子 著
誠文堂新光社 刊
Ｂ５判変型
96ページ
本体価格：2,200円
2012年

　世界中に1200種類以上いるというコウモリについて、大きな写真で丁寧に解説しています。コウモリは私たちの一番身近にいる野生の哺乳動物なのに、夜行性のためあまり存在を気づかれていません。けれども、ちょっと視点を変えれば、あちこちでコウモリに会えるということを教えてくれます。ふりがな付き。（南）

新装版 科学のアルバム　コウモリ

☆☆
増田戻樹 著
あかね書房 刊
Ｂ５判変型
54ページ
本体価格：1,500円
2005年

　体の秘密や出産と成長など、季節を追いながらコウモリの生態を理解できる一冊。写真は少し古いですが、歯や爪のアップ、洞窟の天井にぶら下がる子どもの群れの写真などは迫力があり、様子がよくわかります。巻末により詳しい進化や種類、超音波等についての解説のページ有り。内容を見直した新装版です。（南）

コウモリの謎
哺乳類が空を飛んだ理由(わけ)

☆☆
大沢啓子・大沢夕志 著
誠文堂新光社 刊
四六判
144ページ
本体価格：1,500円
2014年

　フルカラーで、豊富な写真とかわいいイラスト、わかりやすい図説、詳細な解説すべてそろった良書です。見て楽しく、読み物としても入門にピッタリ。ふりがながないので小学校高学年から中学生向き。身近に行けそうなコウモリ発見ポイントも掲載されているので、フィールドワークに出かけたくなる一冊です。（山）

コウモリ識別ハンドブック〔改訂版〕

☆☆☆
コウモリの会 編
佐野明・福井大 監修
文一総合出版 刊
新書判
88ページ
本体価格：1,500円
2011年

　各種のコウモリについて、実際に調査・研究を行っている研究者が最新の知見を取り入れて書いた本。コウモリについての研究が進み、数年の間でコウモリ類の分布や生態に関する知見が増え、学名が変わったコウモリもいるそうです。小さく、薄い本ですが、コウモリの魅力が伝わってきます。（南）

人気度 2.3 ☆☆

キャラクター ― かわいいだけじゃない！ ―

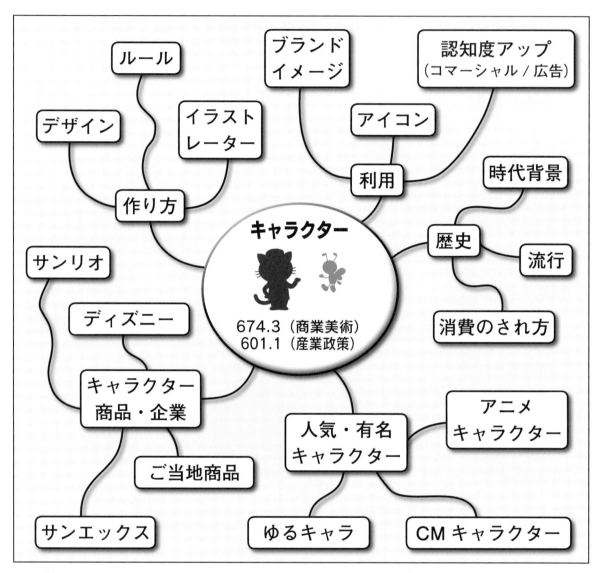

　学校でキャラクターを目にしない日はありません。ディズニーキャラクター、ふなっしー、赤べこ……。生徒の持ち物は男女を問わず様々なキャラクターでにぎわっています。自分のものだという目印、癒やし、また自己表現の手段としてもキャラクターは利用されているようです。商品の売り上げや企業イメージにも大きく影響するキャラクターは、生徒にとっても身近な存在です。

マスコットキャラクター図鑑／キャラクターでもっと伝わるデザイン
キャラクターを使うことで成功したデザイン特集

☆
リンクアップ 著
グラフィック社 刊
Ａ５判
160ページ
本体価格：1,300円
2013年

☆
パイインターナショナル 刊
Ａ４判変型
224ページ
本体価格：5,800円
2014年

２冊ともキャラクターをジャンルごとに分けて、図鑑のように紹介しています。キャラクターは企業の顔でもあるので、生まれるまでの歴史があり、アイデアが詰まっていることがわかります。カラフルでかわいらしく、ページをめくるだけでも楽しめます。（岡）

簡単！わかりやすい！キャラクターデザイン／イラストレーションキャラクターのつくり方

☆ ☆
PUKUMUKU 著
玄光社 刊
21cm×21cm
108ページ
本体価格：2,400円
2013年

品切れ

☆ ☆
KAIGAN 編
誠文堂新光社 刊
Ｂ５判
128ページ
2010年

『簡単！わかりやすい！キャラクターデザイン』は、「色」について詳しく書かれ、仕事として成立させること、完成度を高め、説得力のあるキャラクターを作る方法を解説しています。『イラストレーション～』は、活躍中のイラストレーター９人が、仕事場を紹介しています。（岡）

キャラクター総論

☆ ☆ ☆
辻幸恵・梅村修・水野浩児 著
白桃書房 刊
Ａ５判
320ページ
本体価格：3,600円
2009年

大学教授らによるキャラクター研究の本。キャラクターの定義から魅力、マーケティングとの関係、キャラクタービジネスまで、キャラクターに関することを網羅的に解説しています。専門的で難解な部分もありますが、索引もあり、研究をする上での裏付けとなってくれる貴重な資料です。（南）

キャラクター・パワー ゆるキャラから国家ブランディングまで／売れるキャラクター戦略　"即死""ゾンビ化"させない

☆ ☆ ☆
青木貞茂 著
NHK出版 刊
新書判
240ページ
本体価格：780円
2014年

☆ ☆ ☆
いとうとしこ 著
光文社 刊
新書判
232ページ
本体価格：760円
2016年

現代日本のキャラクター事情を読み解く新書２冊です。『パワー』は、広告論・ブランド論を専門とする著者が、キャラクターの機能や効能、広告効果など、キャラクターが持つ力を考察します。『売れる～』は、「コアラのマーチ」のＣＭを手がけた著者による、キャラクターを長生きさせる戦略紹介です。（南）

人気度 2.3 ☆☆

イルカ ― 海に生きる哺乳類 ―

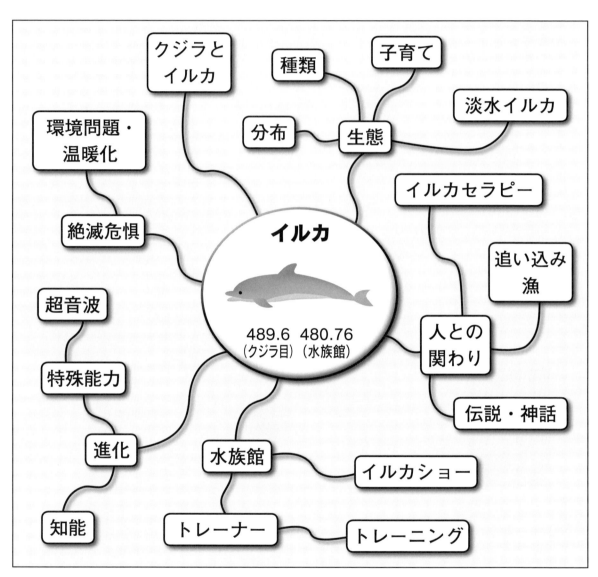

　何億年もかけて獲得した陸上生活を捨て、水中生活を選んだイルカは、巨大な脳と高い知能を持ち特殊なコミュニケーション力を発達させた、独特の魅力を持つ生き物です。水族館のイルカショーやテレビで目にする機会も多く、子どもたちの心を強くひきつけるようです。写真の美しい本は多数出版されていますが、一方で中学生の調べものに向いた資料が意外に少ないのが現状です。

クジラとイルカ　海も地球も大研究！

☆
山田格・大越和加 総監修
偕成社 刊
Ａ４判変型
160ページ
本体価格：4,500円
2009年

　クジラとイルカの生態を読み解く本です。判が大きく、イルカの体の仕組みなど見開きで描かれているイラストは大迫力。項目ごとに細かく分けて説明があり、知りたいことを調べるのにも便利です。森やごみとクジラの関係など環境問題にも着目し、海の仲間としてアザラシやペンギンも紹介されています。（南）

科学のアルバム・かがやくいのち５
イルカ　海でくらす哺乳類

☆
南俊夫 著
水口博也 監修
あかね書房 刊
Ａ４判変型
64ページ
本体価格：2,500円
2011年

　小笠原諸島付近に生息するミナミハンドウイルカを中心に紹介しています。大判の写真が美しい本です。水族館などで観察して実際に確かめてみたくなるコーナーや、イルカの仲間紹介もあります。巻末には語句解説もあり、世界各地で野生のイルカに会える場所もまとめられています。（南）

クジラ・イルカのなぞ99
世界の海をめぐる写真家が答えるクジラの仲間のふしぎ

☆☆
水口博也 文・写真
偕成社 刊
Ａ５判
144ページ
本体価格：1,800円
2012年

　イルカも属する「クジラ目」の動物に関する不思議を、99のＱ＆Ａで詳しく解説しています。イルカはクジラの仲間なのか、クジラは何種類いるのかといった基本的な疑問から、環境汚染により絶滅が心配されていることまで幅広く扱います。写真が美しく、情報量もある上、ふりがな付きなのがうれしい一冊です。（南）

イルカの不思議　２時間で生まれかわる皮膚？アゴが耳？驚きの能力に迫る！

☆☆
村山司 著
誠文堂新光社 刊
四六判
144ページ
本体価格：1,500円
2015年

　20年くらい前に日本で起こったイルカブームをきっかけにして進んだイルカ研究。その研究の成果を、イルカの生態から能力、群れをつくる意味、コミュニケーション、知能など、イルカに関する情報を多岐にわたってまとめました。著者は「イルカと話す」研究に取り組んでおり、その紹介も興味深いです。（南）

人気度 2.3 ☆☆

ピアノ ― 音色の仕組みと魅力に迫る ―

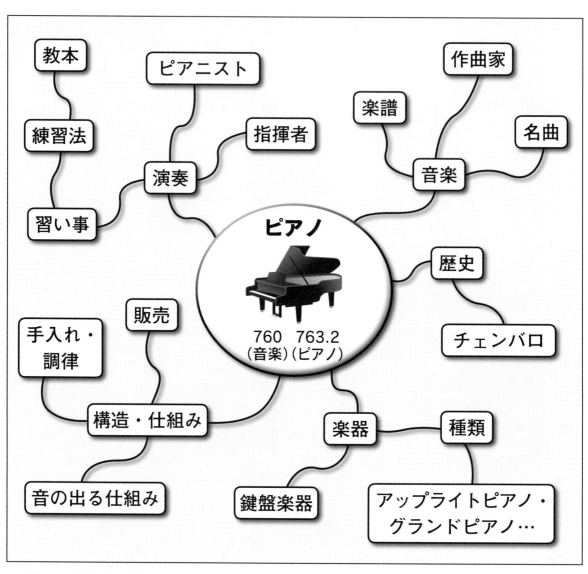

　ピアノは子どもたちにとって身近で、習い事でも人気のある楽器です。歴史や音の出る仕組みを知れば、ピアノの違った奥深さを再発見できるでしょう。資料も子ども向けから専門書まで、比較的よく流通しています。ピアノを見たり、弾いたり、時には店頭を訪れたり、調律師さんにお会いしたりと、フィールドワークも楽しそうです。

透視絵図鑑 なかみのしくみ　楽器

☆
こどもくらぶ 編
六耀社 刊
Ａ４判変型
32ページ
本体価格：2,800円
2016年

　スケルトンの絵や写真を使い、ふだん見ることができないものを見ることで、ものづくりの工夫を知ることができる本です。ピアノ、鍵盤ハーモニカ、サクソホフォン、ドラムセット、エレクトリックギターが紹介されています。グランドピアノとアップライトピアノの写真は弦が張り詰められていて圧巻です。（岡）

絶対！うまくなる　ピアノ　100のコツ

☆☆
森真奈美 著
ヤマハミュージックメディア 刊
Ａ５判
124ページ
本体価格：1,300円
2012年

　ピアノを演奏している人の悩みを集め、Ｑ＆Ａ式で全100問にアドバイスしています。「壁にぶつかるのは誰でもあること」「シンプルでわかりやすい楽器なので一緒に改善策を見つけましょう」というスタンスの本です。初心者から、ベテランまでさらにうまく弾けるようになるヒントが見つかるかも。（岡）

カラー図解　ピアノの歴史

☆☆
小倉貴久子 著
河出書房新社 刊
Ａ５判
112ページ
本体価格：2,200円
2009年

　ヨーロッパのピアノの進化の過程と、有名作曲家が使ったピアノの歴史がわかる本です。１章では様々な時代のピアノと現代のピアノの構造を比較しています。２、３章では有名な作曲家たちのエピソードと実際使っていたピアノの実物写真が登場。装飾の美しいピアノがたくさんあり、視覚的にも楽しめる本です。（岡）

まるごとピアノの本

☆☆☆
足立博 著
青弓社 刊
四六判
240ページ
本体価格：1,600円
2002年

　ピアノは一生モノの高額な楽器です。この本は自分に合ったピアノを選ぶために必要なポイントを解説しています。購入後の調律、簡単な手入れや修理についても学べます。後半はピアノを造っている国内外の楽器メーカー数社の歴史と、製作過程を比較しています。ピアノ購入を考えている人は必読です。（岡）

人気度 2.3 ☆☆

お金 ― 成り立ちから歴史・製造・デザインまで ―

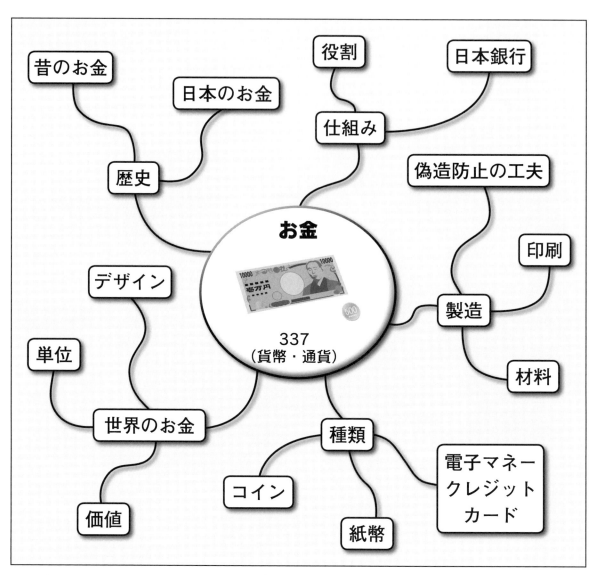

　お金の仕組みや動き、歴史、世界にはどんなお金があるかなど、多様な切り口のあるテーマです。経済活動と切り離せないテーマであり、「お金」単独で扱うことが難しいのですが、この項では株や銀行などの金融の方面については立ち入らない本を選びました。実際の研究では、それぞれ興味のある方向にテーマを広げていっています。セット本や美しい写真の図鑑など、よい本が出版されています。

これだけは知っておきたい14 **お金の大常識／**
学研まんが 新ひみつシリーズ **お金100のひみつ**

☆
植村峻 監修
内海準二 文
ポプラ社 刊
Ａ５判
143ページ
本体価格：880円
2004年

☆
工藤洋久 監修
久保田聡 漫画
学研 刊
菊判
140ページ
本体価格：880円
2004年

　マンガ・イラストでビジュアルに説明する２冊。『大常識』は一問一答式で物語性はありません。『ひみつ』は、全編マンガで、おはなしとしても楽しめます。どちらも小見出しがあってわかりやすく、生徒によく手に取られています。細かく書かれた目次を見ているだけでもおもしろいです。（南）

日本のもと　**円**

☆
森永卓郎 監修
講談社 刊
Ａ５判
168ページ
本体価格：1,400円
2011年

　温故編、知新編、未来編と、お金の歴史、現在、これからの三編に分けて説明しています。お金は便利で大切なもの。しかし、それだけに怖いものなので、上手に付き合おうという意図で書かれています。フジサマ、トキオ、カケルという３人組を案内役に、お金を作る戦国大名の話から電子マネーまで扱います。（南）

しらべ図鑑マナペディア **世界のお金100／**
「知」のビジュアル百科30 **コインと紙幣の事典**

☆
名倉克隆 監修
グループ・コロンブス 構成
講談社 刊
四六判
48ページ
本体価格：1,500円
2011年

☆
ジョー・クリブ 著
湯本豪一 日本語版監修
あすなろ書房 刊
Ａ４判変型
64ページ
本体価格：2,500円
2006年

　お金の歴史がよくわかる２冊。お金を写真で紹介しています。前書は、硬貨の材質の紹介や、いつから現在のお金が使われているかなどを時系列で並べ、外国のお金についても紹介されています。後書はお金の製造方法にも触れ、大英博物館の貴重な所蔵品も掲載されています。どちらも印刷のよい美しい本です。（南）

国際理解に役立つ **世界のお金図鑑　全３巻**※

☆
佐藤英人 協力
平田美咲 編
汐文社 刊
Ｂ５判
各48ページ
本体価格：各2,300円
2013年

　世界で流通しているお金を並べて見せてくれる図鑑です。扱っているのは紙幣のみでコインについては触れられていません。地域別、国ごとに紹介され、国ごとに豆知識もあります。例えばインドの場合では、紙幣の表側はすべてガンディーの肖像が描かれていて、ガンディーがどんな人かという説明があります。（南）

※：1. アジア・オセアニア　2. ヨーロッパ・中東　3. 北米・中南米・アフリカ

人気度 1.8 ☆☆

声優 ― 声で伝える、命を吹き込む ―

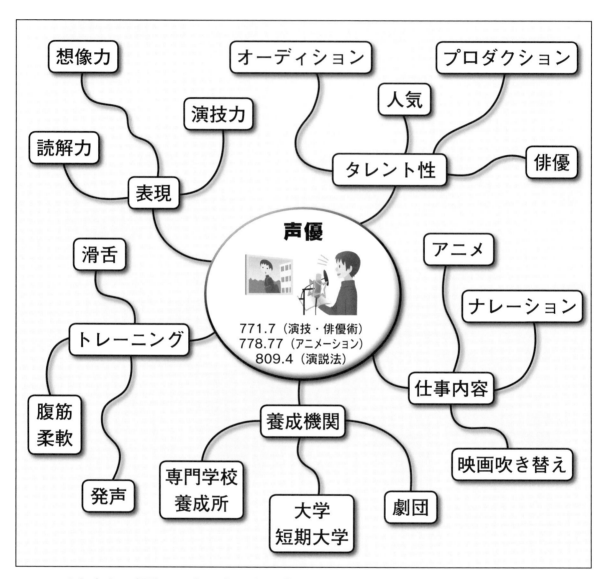

　アニメを中心に根強い人気のある声優業界です。人気声優のインタビュー集、発声のトレーニング本、声優の自伝的な本が出版されていますが、流行が影響するため本の入れ替わりが激しいです。共通するのは「活躍するには狭き門」、「運と実力が必要で厳しい世界」ということです。憧れはあっても仕事としては厳しいという現実に直面するテーマでもあります。

声優になる！ 夢が近づく!!ヒントが見える!!
人気声優たちのリアルインタビュー 13interviews

☆ ☆
橋本崇宏・柳谷杞一郎 著
声優になる！マガジン編集部 編
雷鳥社 刊
Ａ５判
200ページ
本体価格：1,200円
2008年

　声優やナレーターとして活躍している13人にインタビューをしています。自身の経験を踏まえて声優を目指す人へのアドバイスやトレーニング方法を伝えてくれます。シリーズ本で第３弾まで出版されています。有名な番組の声優も多数登場しますし、成功した人の言葉は前向きな気分になれます。（岡）

10代から目指す！声優トレーニング最強BIBLE／
ぜったい声優になる！最強トレーニングBOOK［改訂版］

☆ ☆
声優塾 監修
上野建司 編
トランスワールドジャパン 刊
Ａ５判 159ページ
本体価格：1,800円
2013年

☆ ☆
TWJ BOOKS 著
トランスワールドジャパン 刊
Ａ５判
159ページ
本体価格：1,500円
2015年

　２冊とも声優プロデビューまでの過程と養成所のレポート、自宅での発声練習や体力づくりのトレーニング方法を紹介しています。「なるには」と「トレーニング」の２部構成です。『ぜったい声優になる！』はＣＤ付きです。声優業界は流行に左右されるので最新版を手に入れるようにしましょう。（岡）

声優になる！最強ＢＯＯＫ［改訂版］／
なるにはBooks53 声優になるには

☆ ☆
雷鳥社 編
雷鳥社 刊
Ｂ５判
176ページ
本体価格：1,500円
2010年

☆ ☆ ☆
山本健翔 著
ぺりかん社 刊
Ｂ６判
160ページ
本体価格：1,170円
2007年

　声優を目指すなら、どんな進路選択があるのか？　その疑問に答えてくれる２冊です。どちらもプロダクションや養成所といった、業界の基礎情報を幅広く掲載。現役で活躍する声優のインタビューもあるので、声優として働く人たちが、仕事をする上で何を大事にしているかがわかります。(山)

中公新書
声優道 死ぬまで「声」で食う極意

☆ ☆ ☆
岩田光央 著
中央公論新社 刊
新書判
208ページ
本体価格：780円
2017年

　30年間声優を続ける著者が声優業の現実を語っています。常に安定せず、ふるいにかけられる恐怖と向き合いながら乗り越えてきたことがよくわかります。声優業を続けるには強い覚悟が必要だと厳しい目線ですが、一方で人々に夢を与える幸福もあるとのこと。実際に体験してきたことなので説得力があります。（岡）

人気度 1.8 ☆☆

肌 ― 正しい知識で健康に ―

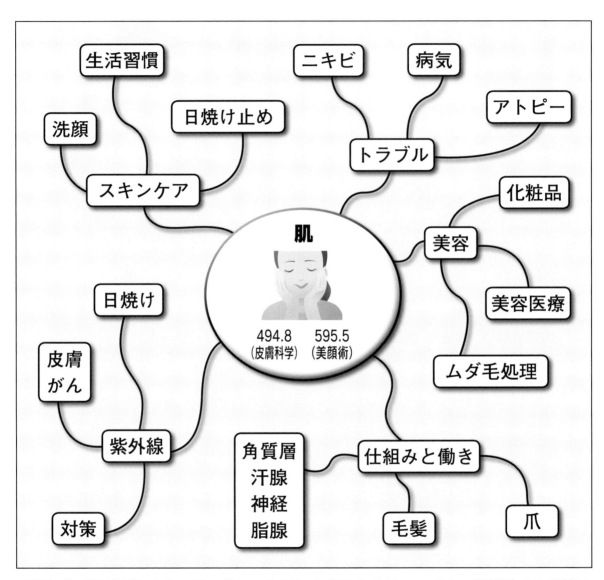

「肌」や「紫外線」をキーワードに、女子に人気のあるテーマです。部活動での日焼けやニキビなど、顔にも現れるものなので気になるようです。それだけに、生物学的・一般的な記述のある人体の本より、治療法や予防法の記述がある医療・美容分野の本に支持が集まります。化粧品の表示を調べたり、薬局に行って薬品の効能を知ったりなど、フィールドワークも可能です。

素肌美人になるための
スキンケア美容医学事典

☆ ☆
吉木伸子 著
池田書店 刊
Ａ５判
400ページ
本体価格：2,200円
2011年

　現役皮膚科医が、肌について美容と皮膚科学の両方から網羅的に解説した本です。皮膚の基本的な仕組み・スキンケア、美容のための生活習慣、化粧品や皮膚の病気と薬の知識まで幅広く取り上げ美容医療の効果とリスク、皮膚と密に関係する髪やムダ毛の項目もあります。美肌になる食事レシピ付き。（南）

ビジュアル版 新体と健康シリーズ　知って防ごう
有害紫外線　太陽紫外線と上手につきあうために

☆
佐々木政子・上出良一 著
少年写真新聞社 刊
Ｂ５判
64ページ
本体価格：1,900円
2008年

　紫外線とは何か、紫外線による健康障害、紫外線との付き合い方という３章に分けて説明しています。紫外線は、日焼けや皮膚がんなど、人体に悪影響を与えるだけでなく、皮膚の生成などのよい働きもする必要なものであるということがわかります。写真で紹介されているUVカット実験が興味深いです。（南）

10代のフィジカルヘルス２
おしゃれ＆プチ整形

☆ ☆
岡村理栄子・金子由美子 著
大月書店 刊
菊判
64ページ
本体価格：1,800円
2005年

　化粧品やアクセサリーなど、軽い気持ちでしたことが引き起こしかねない「おしゃれ障害」について紹介されています。子どもの皮膚は未熟で大人より炎症を起こしやすいそうです。ニキビの手入れ、リップクリームやアイプチの注意点など、丁寧に説明があり、避けたらよい成分も書かれていて参考になります。（南）

おもしろサイエンス　美肌の科学

☆ ☆ ☆
福井寛 著
日刊工業新聞社 刊
Ａ５判
144ページ
本体価格：1,600円
2013年

　皮膚・表皮の構造、皮膚の働き、紫外線の影響や肌の色といった皮膚に関する基本的な事項を図解し、洗顔、保湿といった美しい素肌になるための方法を仕組みから説明しています。「魅せる肌」という視点から、肌の見え方、白粉の歴史なども科学的に解説し、肌測定や美容医療についても触れられています。（南）

人気度 1.8 ☆☆

吹奏楽 ― 吹いて奏でて楽しく ―

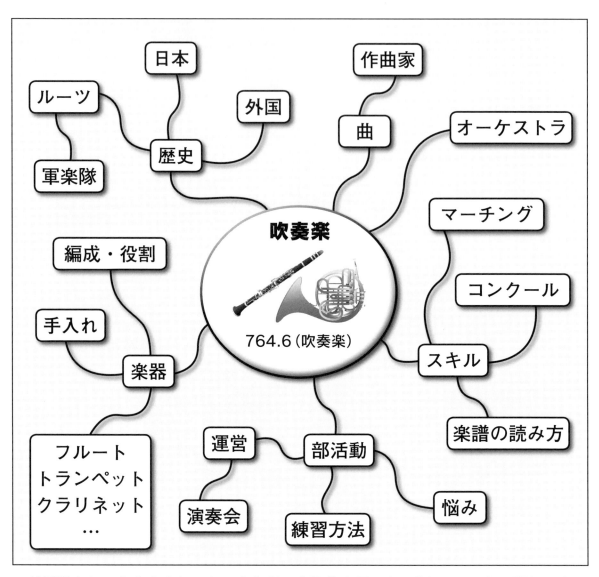

　部活動としても大変人気のある吹奏楽の出版物を見ると、「クラシック入門」のような位置づけをされているようにも見受けられます。一方で、部活動の運営や楽器の演奏法など実務的なハウツー本も多く、これらは子どもたちにも支持されています。ただしこの項では個別の楽器については扱いません。これまで歴史に関する資料が手薄でしたが、最近相次いで出版されました。

オーケストラ・吹奏楽が楽しくわかる楽器の図鑑 全5巻※

☆
佐伯茂樹 著
小峰書店
Ａ４判変型
各47ページ
本体価格：各3,000円
2011年

　1〜4巻で楽器の種類や歴史を紹介したあと、5巻でそれらの楽器が実際にどのように使われているのかをまとめています。それぞれの楽器が合奏という形式の中でどのように魅力を発揮するかという点からのアプローチもあります。オーケストラと吹奏楽の違いについても触れられています。（南）

必ず役立つ 吹奏楽ハンドブック

☆ ☆
丸谷明夫 監修
ヤマハミュージックメディア 刊
Ａ５判
144ページ
本体価格：1,500円
2011年

　「吹奏楽部」の情報満載のシリーズの一冊目。マンガやイラストを用いて親しみやすくなるよう工夫されています。各楽器の歴史や奏法の紹介、楽譜の読み方、身体のほぐし方、コンクールや名曲紹介といった、吹奏楽についての基本的な知識が幅広く得られます。このあと、テーマを絞った本がつくられています。（南）

吹奏楽もっとうまくなるための 身体エクササイズ

☆ ☆
石橋秀幸 監修・著
シンコーミュージック・エンタテイメント 刊
Ａ５判
128ページ
本体価格：1,500円
2013年

　吹奏楽においても身体の強化やケアをすることは、よい演奏につながります。息をコントロールするための筋肉・スタミナをつけることや、姿勢・バランスを正すための簡単なストレッチ方法などが写真付きで解説されています。軽く運動をすることが技術向上に役立ちます。（岡）

カラー図解 楽器から見る吹奏楽の世界

☆ ☆
佐伯茂樹 著
河出書房新社 刊
Ａ５判
144ページ
本体価格：2,000円
2009年

　楽器や楽曲、吹奏楽について正しい知識を持ってほしいというコンセプトで書かれた本。ローカルな楽器やスタイルで演奏されていたものが、いまや同じ規格で演奏するようになってしまい、本来あった魅力が失われていると著者は主張します。吹奏楽、ブラスバンド、マーチングそれぞれの解説があります。（南）

※…1．絃楽器　ヴァイオリンのなかま　2．木管楽器　リコーダーのなかま　3．金管楽器　トランペットのなかま　4．打楽器・鍵盤楽器　太鼓やピアノのなかま　5．オーケストラと吹奏楽　合奏と鑑賞の楽しみ

人気度 1.8 ☆☆

結婚 ― 憧れの先にあるもの ―

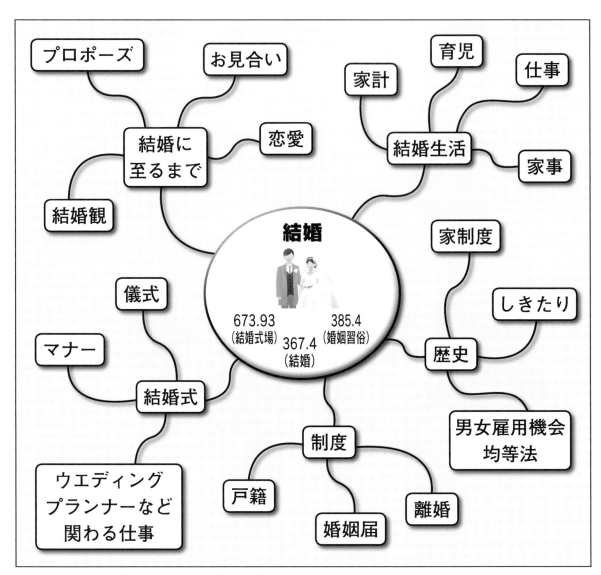

「結婚式」をメインテーマとした研究が多いです。婚姻に関する制度や具体的な結婚後の生活、さらには多様な結婚事情や離婚についてはそれほど興味がありません。むしろ、華やかな結婚式自体に憧れを抱いている様子がうかがえます。調べものの本で結婚について扱った子ども向けの本は少なく、今後の出版が待たれます。一方で、式場に行ってみたり、婚姻届をもらったりとフィールドワークは楽しそうです。

日本のもと 家族

☆☆
服藤早苗 監修
講談社 刊
A5判
168ページ
本体価格：1,400円
2011年

　日本の家族や結婚の形が昔から今のようだったわけではありません。家族の歴史を探り、家族について考えるこの本から、結婚の歴史や仕組みも見えてきます。歴史上の人物へのインタビューの後に4コママンガと解説のページがあるという構成で、子どもの興味をひく工夫が凝らされている本です。（南）

世界・ブライダルの基本

☆☆
日本ホテル教育センター 編
プラザ出版 刊
B5判
234ページ
本体価格：3,000円
2008年

　ホテル業界におけるブライダル事業の売り上げは大きく、ホテル関係者はブライダルの基礎知識を備える必要があります。結婚を表す英語を比較して「ブライダル」という言葉の意味や範囲、イメージを考え、「結婚」の定義や価値観、歴史について解説しています。各国の結婚の意味や様式も幅広く紹介。（南）

マンガ 知りたい！なりたい！職業ガイド
結婚式にかかわる仕事

☆☆
ヴィットインターナショナル企画室 編
ほるぷ出版 刊
A5判
148ページ
本体価格：2,200円
2005年

　結婚に関する仕事と業界紹介本です。ブライダルコーディネーター（ウエディングプランナー）、指輪職人、衣裳スタッフの仕事をメインに、その職業で働く人へのインタビューも収録されています。結婚式までの一般的な流れとそれに関わるスタッフ、花嫁衣装の基本紹介もあります。（南）

大人ウエディングパーフェクトガイド／
大事なところをきちんと押さえる 結婚の段取りとしきたり

☆☆☆
大泉書店編集部 編
大泉書店 刊
A5判
224ページ
本体価格：1,300円
2010年

☆☆☆
安部トシ子 監修
マイナビ出版 刊
A5判
256ページ
本体価格：1,400円
2012年

　結婚準備のためのハウツー本で、類書も多数出版されています。洋風・和風・和洋折衷と本にも様式がありますが、内容は大きく変わりません。「結婚式」を柱とし、準備や式に関わるマナー、費用などを紹介します。各種手続きや新生活の準備などに触れている本もあります。（南）

人気度 1.8 ☆☆

靴 ― おしゃれは足元から、というけれど… ―

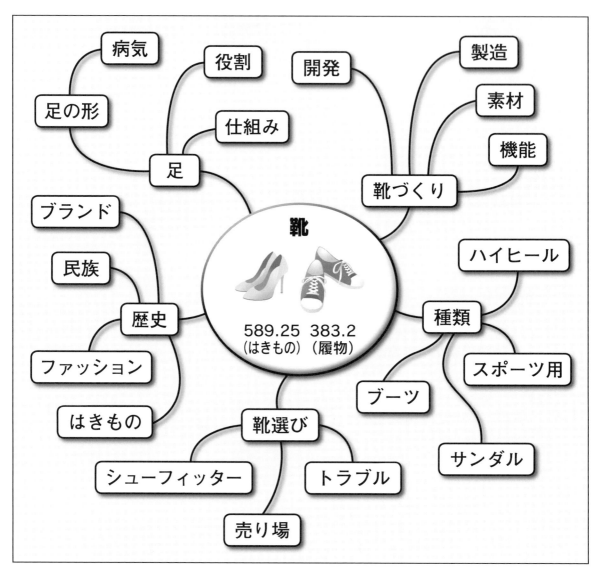

　生徒たちにとって身近な靴。合わない靴はつらく、またスポーツをする際にどんな靴を選ぶかは重要なことなので、自分の足に合う靴の選び方や、スポーツシューズの開発に興味を持つ生徒が多いです。テーマとして取り組むのは女子が多く、中にはハイヒールなど、ファッション性の高い歩きにくい靴の是非について扱う生徒も。子ども向けの本は少ないですが、テーマごとに資料は豊富です。売り場へ行く、解体してみるなど、フィールドワークも楽しめそう。

ビジュアルでわかる 世界ファッションの歴史5
くつ

☆ ☆
ヘレン・レイノルズ 文
徳井淑子 監修
ほるぷ出版 刊
Ａ４判変型
32ページ
本体価格：2,800円
2015年

　絵と写真で世界の靴の歴史が楽しめる一冊です。欧米では家の中でも靴をはくので、常にファッションの一部として変遷してきました。そのため、日本よりファッション性の高い靴が流行します。歩きにくそうな形の靴や色がカラフルできれいな靴など、ビジュアル的にもおもしろい本です。（岡）

腰痛・下肢痛のための 靴選びガイド
［第2版］

☆ ☆ ☆
田中尚喜 著　伊藤晴夫 監修
日本医事新報社 刊
Ｂ５判
116ページ
本体価格：2,200円
2010年

　スポーツ障害の治療・リハビリテーションを行っている著者による靴選びの本。履物の歴史をコンパクトにまとめ、症例ごとの靴選びのポイントを丁寧に解説しています。地味で難しそうに見えますが、図解がわかりやすく、信頼できる一冊です。足の測定方法、靴の構造と名称などのまとめもあります。（南）

靴　バッグ
知識と売り場づくり

☆ ☆ ☆
川崎知枝・半田千尋 著
繊研新聞社 刊
Ａ５判
180ページ
本体価格：1,900円
2013年

　バッグや靴を販売する人のために書かれた本ですが、靴の種類、構造、名称、サイズ、素材、手入れについてよくわかります。白黒ですが、イラストや写真を使って説明があり、靴ひもの結び方も紹介されています。「JIS規格」で定めたサイズとワイズ表や売り場づくりの工夫も興味深いです。（南）

おもしろサイエンス　足と靴の科学

☆ ☆ ☆
（株）アシックススポーツ
工学研究所 編著
西脇剛史 監修
日刊工業新聞社 刊
Ａ５判　180ページ
本体価格：1,600円
2013年

　靴について、足に関する知識と併せて紹介してくれます。靴の構造や製造方法、足の構造といった基本的な事柄から、スポーツシューズに見る靴の機能、靴擦れや外反母趾といった足のトラブルとその対処法、靴選びや手入れについてと、靴に関することを網羅的に扱っています。データも興味深い一冊です。（南）

人気度 1.8 ☆☆

香水 ― 見えないけれど、主張する ―

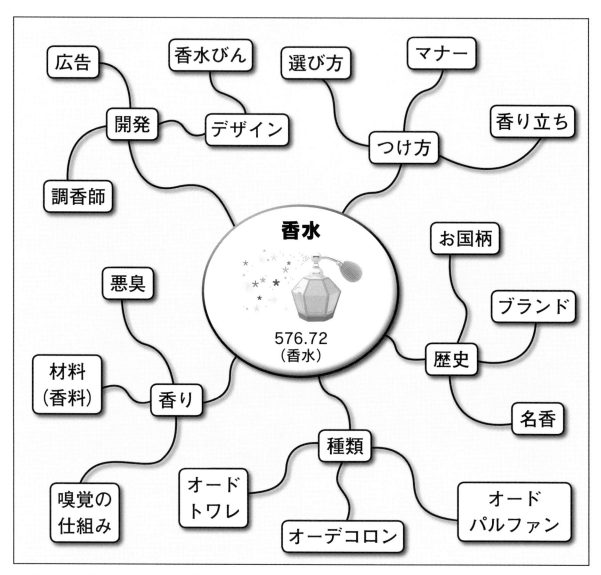

　華やかな香りや、広告や化粧品のつくり出すイメージへの憧れから、自分がつけることも想定してテーマとして取り組む女子が多いです。表面だけをなぞると香水図鑑で終わってしまいそうに思えますが、研究を通じて長い歴史と深い文化を発見できるでしょう。ブランド・調香・使い方など、切り口も様々です。美しい本が多数出版されています。しかし、一般書が多く、子ども向けのまとまった本の出版が待たれます。

今日からモノ知りシリーズ
トコトンやさしい においとかおりの本

☆ ☆
倉橋隆・福井寛・光田恵 著
日刊工業新聞社 刊
Ａ５判
160ページ
本体価格：1,400円
2011年

においに関する一通りのことを図やイラストを用いてわかりやすく解説しています。嗅覚の機構から悪臭除去、香料についても詳しく紹介され、香りの鑑賞や香水についてもコンパクトにまとめられています。においの分析・測定についての章も興味深く、見出し下にあるキーワードが内容を把握するのに便利です。（南）

フォトグラフィー 香水の歴史

☆ ☆ ☆
ロジャ・ダブ 著
新間美也 監修
富岡由美・沢田博 訳協力
原書房 刊
Ａ５判 280ページ
本体価格：3,800円
2010年

香水創作について網羅的に解説した本です。古代から続く香水の歴史や抽出法、原料、伝説の名香の誕生秘話、香水瓶のデザインについて丁寧に説明します。使われている写真１枚１枚が美しく、贅をこらし、こだわりを持ってつくられている本です。香水にかける著者の情熱に圧倒されます。（南）

ル パルファン ある感覚 時代をいろどる香りとミューズたち／
フォトグラフィー レア パフューム 21世紀の香水

☆ ☆ ☆
グラース、ゴズラン、
フェドー 著
地引由美 監訳
フレグランスジャーナル社 刊
Ａ４判 232ページ
本体価格：5,000円
2015年

☆ ☆ ☆
サビーヌ・シャベール、
ローランス・フェラ 著
島崎直樹 監修 加藤晶 訳
原書房 刊
Ａ４判変型 156ページ
本体価格：3,500円
2015年

眺めるだけでうっとりする贅沢な大型本２冊。『ル パルファン』はその年を代表する香水や香水のトレンド、その時代を生きた女性たちを1900年〜2011年までの年代順に紹介しています。目次がないのは残念。『レア パフューム』は、世界唯一の香水資料保管庫が監修した、調香師に着目した一冊です。（南）

フォトグラフィー 香水瓶の図鑑

☆ ☆ ☆
ベルナール・ガングレール 著
木村高子 訳
原書房 刊
Ｂ５判
384ページ
本体価格：5,500円
2014年

19〜20世紀の香水瓶を紹介しています。香水瓶には製造年とサイズに加え、瓶のマークの数で参考価格もつけられています。1930年代の収穫作業と精油抽出の写真、広告ポスターは興味深く、香水の歴史、香水瓶の製造会社、有名な香水会社７社、服飾メゾンとの結びつきにも触れられた貴重な資料集です。（南）

人気度 1.8 ☆☆

遺伝子 ― 子どもはなぜ親に似るのか？ ―

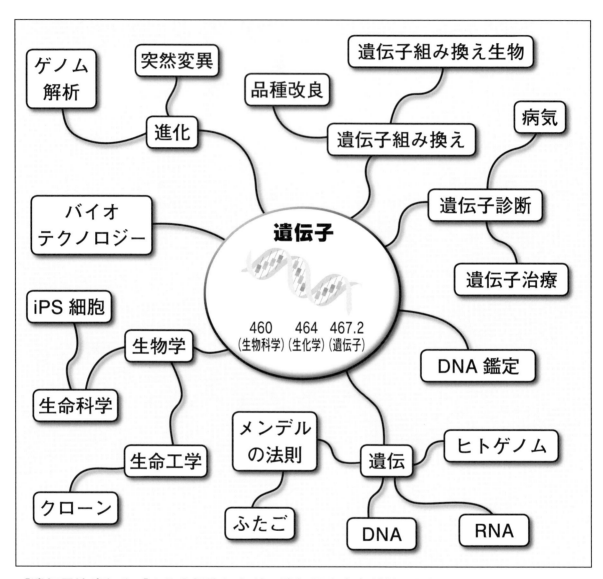

「遺伝子治療」や「iPS細胞」など、遺伝子や生命科学に関係するニュースをよく耳にします。子どもの興味といえば、家族の血液型といった基礎的な遺伝学から、遺伝子組み換え食品やクローンなど、最新の遺伝子工学まで多岐にわたります。ただ、一時のブームが去ったためか絶版が多いです。内容的にどうしても難しくなってしまうのですが、調べ学習に中学生が楽しんで使える本の出版が待たれます。

じぶんのからだシリーズ3
太っちょ・やせっぽちの "読む本"
あるがままに生きのびてきた遺伝子のはなし

☆
山田真 著
ジャパンマシニスト社 刊
B6判
136ページ
本体価格：1,300円
2013年

著者が読者に語りかける設定で書かれています。白黒ですが、Q&A形式で通読しやすく、メンデルの実験から人間が進化の上生み出した倹約遺伝子までが紹介されています。目で見ることのできない遺伝子や遺伝に興味を持つ子どもにぴったりの入門書。3章構成で、2章は遺伝とは直接関係のない豆知識です。（南）

遺伝子・DNAのすべて

☆☆
夏緑 著
ちくやまきよし・マルモトイヅミ 絵
童心社
A4判変型
176ページ
本体価格：4,500円
2010年

子どもを読者対象とし、丸ごと遺伝子について書かれている貴重な一冊。遺伝子に関することの一通りがわかり、情報量も多いです。一見教科書の副読本のようですが、絶滅動物の復活や再生医療など、最先端の生命科学についても詳しく解説があり、もっと知りたい人にもおすすめです。（南）

カラー版 徹底図解 遺伝のしくみ

☆☆
経塚淳子 監修
新星出版社 刊
A5判
224ページ
本体価格：1,400円
2008年

遺伝とはどのような現象で、遺伝子とはなんなのかを解説します。右ページにイラストや図解がある、1テーマ見開き2ページでまとめられています。GM作物※やオーダーメイド医療など、遺伝子技術の可能性も示し、巻頭口絵の3倍体のニジマスやiPS細胞、青い薔薇の写真などは興味をひかれます。（南）
※遺伝子組み換え作物

まなびのずかん ヒトの遺伝子と細胞
生命科学のキホンから新技術まで

☆☆☆
西村尚子 著
石浦章一 監修
技術評論社 刊
B5判
128ページ
本体価格：2,480円
2014年

遺伝子と細胞について、基本的な仕組みから専門的知識までビジュアルに解説する本格的な一冊です。専門的な言葉も丁寧に説明があり、生命科学への理解が深められます。クローン技術、再生医療、ES細胞やiPS細胞の開発など、バイオテクノロジーと技術の利用をめぐる倫理問題も取り上げています。（南）

人気度 1.8 ★★

クラゲ　― 前後左右も骨もない、不思議生物 ―

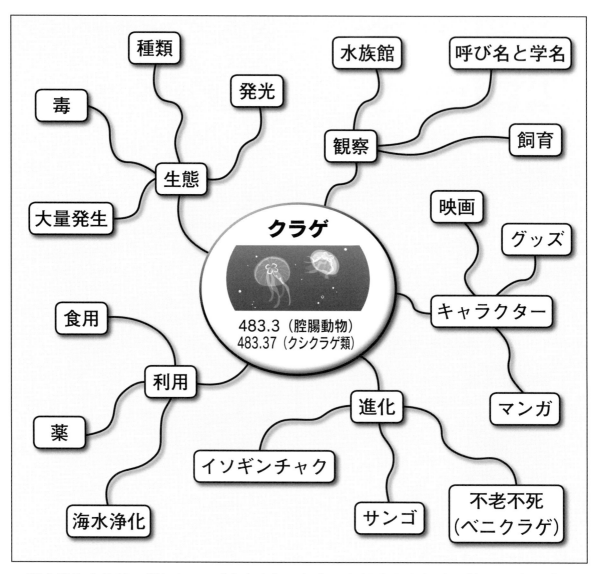

　海水浴や水族館で目にして、「癒やされる」という観点から興味を持つ子どもが多いです。長い進化の末の不思議な生態だけでなく、食品・薬・化粧品などへの利用を研究の途上で知り、ますますおもしろく思うようです。本も様々に出版されており、美しい写真集も多いです。飼育こそ難しいですが、水族館では呼び物の展示になっている場合も多く、フィールドワークも楽しそうです。

かこさとし 大自然のふしぎえほん
クラゲのふしぎびっくりばなし

☆
かこさとし 作
小峰書店 刊
Ａ４判変型
31ページ
本体価格：1,300円
2000年

　写真を用いる本が多い中、クラゲについてすべてイラストで説明した絵本。入門書に最適です。ページ数は少ないですが、紙面にぎっしり情報がちりばめられ、隅に書き込まれている解説をこまごま見るのも楽しいです。クラゲと同じ祖先を持つイソギンチャクの仲間や島をつくるサンゴについても紹介します。（南）

クラゲ大図鑑　何を食べてる？
どうやって刺す？ ふしぎな生態にせまる！

☆
並河洋 監修
PHP研究所 刊
Ａ４判変型
79ページ
本体価格：2,800円
2010年

　大判の写真が美しい一冊。クラゲについて子どもが不思議に思うだろう事柄に絞って、１項目見開き２ページで解説されています。レイアウトには余裕があり、字も大きめなので、文章を読むのが苦手な子どもにもすすめられます。歴史の中のクラゲや漁業被害についてなど、人間との関わりにも注目しています。（南）

子供の科学☆サイエンスブックス　クラゲの秘密
海に漂う不思議な生き物の正体

☆ ☆
三宅裕志 著
誠文堂新光社 刊
Ｂ５判変型
96ページ
本体価格：2,200円
2014年

　クラゲの展示で有名な新江ノ島水族館飼育アドバイザーによる、クラゲの秘密に迫る一冊です。情報量は多く、美しい写真１枚１枚に丁寧な解説が付けられ、クラゲの生態のほか、食品や化粧品への利用といった人間との関わりまで紹介しています。採集・飼育・観察方法や調べ方もまとめられています。（南）

くらげる　クラゲLOVE111

☆ ☆
平山ヒロフミ 著
山と渓谷社 刊
Ｂ６判変型
224ページ
本体価格：1,600円
2013年

　クラゲファンによるクラゲファンのための本です。クラゲに関することを網羅的に扱っており、生態面だけでなく文化的な側面（小説やマンガ、ヒーローものに登場するクラゲなど）についての情報も幅広く紹介します。クラゲの魅力にとりつかれるとなってしまうという「くらげる病」についての解説も。（南）

人気度 1.4 ☆

新選組 ― 時代を駆け抜けた男たち ―

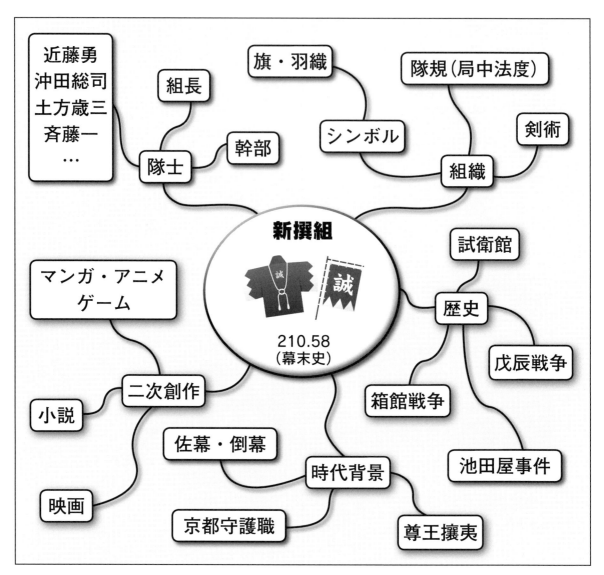

　新選組人気の背景には映画やアニメの影響があります。フィクション・ノンフィクションを含め、時代を駆け抜けた若者たちに共感や憧れを寄せる「歴女」がテーマとする場合が多く、時代順に新選組の動きを追い、お気に入りの隊士にスポットを当て紹介しています。一般書の図解雑学系の本（絶版も早いです）を含め、多少難しい本でも利用されるのが特徴です。京都などでフィールドワークができると楽しいです。

これだけは知っておきたい6
新選組の大常識

☆
矢口祥有里 監修
青木美加子・宮崎紀幸 文
ポプラ社 刊
Ａ５判
143ページ
本体価格：880円
2003年

　子どもを対象として、丸ごと一冊新選組について書かれている貴重な本。巻頭マンガで基本的知識を一通り理解した上で、有名隊士や新選組のトピックをコンパクトに解説し、戊辰戦争後の新選組についても触れられています。各ページにイラストやクイズ、巻末には「新選組達人度チェック」と索引有り。（南）

新選組検定　公式ガイドブック

☆☆☆
菊地明 著
世界文化社 刊
Ａ５判
160ページ
本体価格：1,500円
2015年

　新選組検定を受ける人向けの参考書です。基本的な事件や出来事に加え、最近発見された新事実もわかります。結成から近藤勇の最期までを丁寧に解説し、チームとしての質の高さがわかります。隊士名鑑もあり、有名どころ20人の生涯を一人ずつ簡単にまとめています。巻末には検定の過去問題４〜１級も有り。（岡）

新選組グラフィティ1834-1868
幕末を駆け抜けた近藤勇と仲間たち

☆☆☆
堀口茉純 文・絵
実業之日本社 刊
Ａ５判
224ページ
本体価格：1,500円
2015年

　隊士のキャラクターを生かし、キャッチフレーズをつけて人物紹介することで、それぞれの個性と、チームとしての魅力が伝わる一冊です。イラストや４コママンガはふざけているように見えて、実は参考文献も多く、史実に基づいて解説されています。結成から滅んでいくまで、楽しみながら詳しくなれます。（岡）

新人物文庫
土方歳三と新選組10人の組長

☆☆☆
菊地明・伊藤成郎・結喜しはや 著
KADOKAWA 刊
文庫判
319ページ
本体価格：733円
2012年

　土方歳三と10人の組長、５人の幹部隊士の生涯をメインに、新選組の歴史から、組織や隊規の変遷までも解説しています。歴史の流れや語句の説明などはないので、全体の流れを知った上で読むのをおすすめします。現存する資料から伝承を見直しているのも特徴で、著者が判断した根拠も記されています。（南）

人気度 1.4 ☆

ホタル ー 日本人を魅了する光 ー

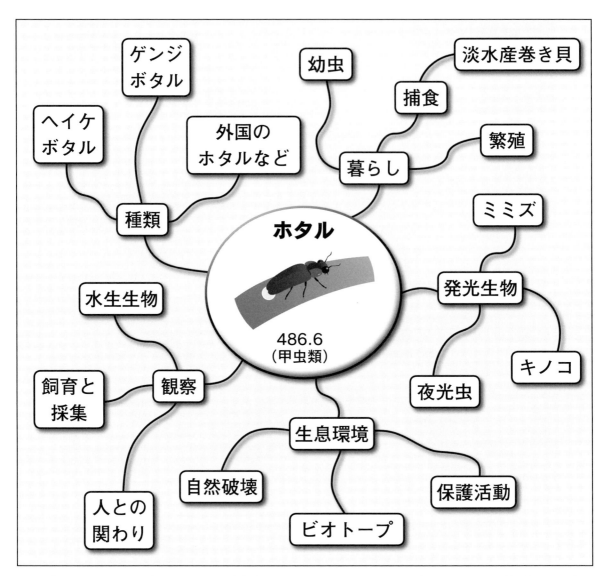

　国内だけで 50 種類のホタルが生息しているといいます。中でも、川で繁殖するゲンジボタル、田んぼで繁殖するヘイケボタルを目にすることが多いようです。本が出版されているのも、子どもが興味を持つのもその 2 種類が主です。量と質ともに出版状況はよいです。ただ、タイトルだけではどの種類のホタルを扱った本なのかがわからないので、ホタルの種類を確認して本を選びましょう。

いのちのかんさつ6　ホタル

☆☆
中山れいこ 著
アトリエモレリ 制作
大場信義 監修
少年写真新聞社 刊
Ｂ５判
48ページ
本体価格：1,800円
2013年

　薄い本の中にすごい量の情報を詰め込んだ、ページの隅々まで楽しめる一冊。イラストではっきり描かれているので、生態についての解説がわかりやすいです。ヘイケボタルをメインに扱っており、ゲンジボタルについての記述はあまりないですが、陸生ホタルやクメジマボタルについての紹介もあります。（南）

ドキドキいっぱい！ 虫のくらし写真館12　ホタル

☆
高家博成 監修
海野和男 写真
大木邦彦 文
ポプラ社 刊
Ａ４判変型
39ページ
本体価格：2,450円
2004年

　入門書に最適な、ゲンジボタルの生態がよくわかる本。美しい写真を大きくレイアウトし、臨場感があります。オスとメスの大きさが写真で確認でき、メスとオスでは発光器のある節が違うということが実感できます。ゲンジボタル、ヘイケボタル、ヒメボタルの光り方の説明もわかりやすいです。（南）

田んぼの生きものたち　ホタル

☆☆
大場信義 文／写真
農山漁村文化協会 刊
ＡＢ判
56ページ
本体価格：2,500円
2010年

　ヘイケボタルを中心に、ゲンジボタルと比較しながら説明があるので、両者の違いがよくわかります。情報量が多く解説も詳細。難解な部分もありますが、頼りになる本です。ヘイケボタルは１年で成虫になるのに、ゲンジボタルは２年かかる場合もあるというのは驚き。飼育法についても詳しく、資料編も充実。（南）

こころも育つ〈図解〉ホタルの飼い方と観察

☆☆
大場信義 著
ハート出版
Ａ５判
208ページ
本体価格：2,000円
2012年

　ホタルを知ることから人間を取り巻く環境について考えてみようという趣旨の本です。著者によると、これほどホタルに愛着を持っている民族は日本人のほかにないそうです。飼育方法や日本に生息する主なホタルの生態や分布、ビオトープづくりについてもページを割いて、丁寧に解説されています。（南）

人気度 1.4 ☆

古墳 － なぜ、どうやって造ったの？－

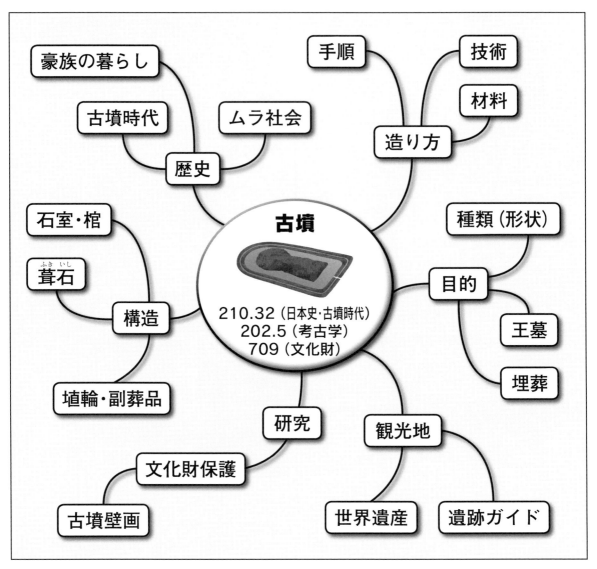

　2001（平成13）年度の文化庁調べによると、全国各地で約16万基も古墳が確認されています。古墳にも流行があり、形を見れば時代がわかるなど、知れば知るほどおもしろい世界です。身近に古墳がない場合でも、世界遺産や文化財保護の面から興味を持つ生徒もいます。資料は豊富で、古墳めぐりのガイドブックも数種類出版されており、選べます。

調べ学習日本の歴史2 古墳の研究
なぜ古墳はつくられたのか

☆
一瀬和夫 監修
ポプラ社 刊
Ａ４判変型
48ページ
本体価格：3,000円
2000年

　古墳にまつわる疑問を写真とイラストで解説しています。古墳の造り方、埴輪を並べる理由や古墳に描かれた壁画の意味、巨大な石の運搬法等を丁寧に紹介しています。古代工法と現代工法の比較もあり、興味深いです。小学校の校庭で、前方後円墳を造ってみた例も紹介されています。古墳の遺跡ガイドも有り。（南）

絵本版おはなし日本の歴史3 巨大古墳をつくる

☆
金子邦秀 監修
須藤智夫 文　落合照世 絵
岩崎書店 刊
Ａ４判変型
32ページ
本体価格：1,800円
2014年

　日本最大規模の古墳、大山（大仙陵）古墳が造られる様子を、絵本でやさしく紹介。おはなし仕立てで、漢字にはふりがなもふってあり、小学生から中学生までの調べ学習に対応しています。時代背景や出土品についても記述有り。絵本を通じて古墳づくりのイメージを膨らませることができる、導入に適した本です。(山)

知識ゼロからの 古墳入門

☆ ☆
広瀬和雄 著
幻冬舎 刊
Ａ５判
176ページ
本体価格：1,300円
2015年

　古墳への畏敬の念とおもしろさに満ちた本。これまでの考古学研究の成果を、マンガやイラスト・図解で初心者にもわかりやすいよう工夫して説明しています。マンガで導入し、キャラクターを用いてQ&A形式で疑問に答えています。卑弥呼の墓など、古墳に関して学術的に論争が残る例についても紹介されています。（南）

コミックエッセイの森 スソアキコのひとり古墳部／まりこふんの古墳ブック

☆ ☆
スソアキコ 著
イースト・プレス 刊
四六判
255ページ
本体価格：1,300円
2014年

☆ ☆
まりこふん 著
ヨザワマイ イラスト
山と渓谷社
Ａ５判
128ページ
本体価格：1,500円
2014年

　堅苦しい古墳のイメージを、親しみやすい現代的な視点でひも解いていくのが特徴。スソアキコさんは自らの古墳巡りエピソードを漫画でつづり、まりこふんさんは各古墳の注目ポイントを、古墳マニアらしい視点と語り口で紹介しています。「古墳はこんなところがおもしろい」という、生の声に触れられます。(山)

人気度 1.4 ☆

化粧 － 人にとって装うとは？ －

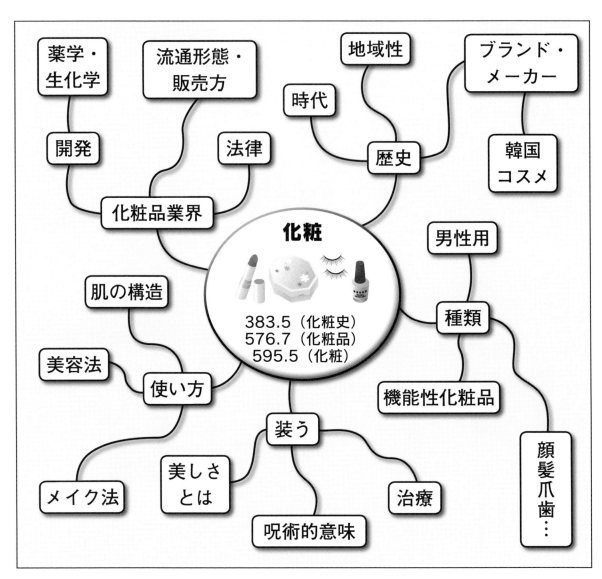

　"化粧とは何か"という問いにまで踏み込めるとよい研究になるでしょう。扱われる範囲が広いので、爪・髪の装いや香り、タトゥーなども「化粧」に含むのか、自分なりの線引きが必要になります。また、十代で化粧について正しい知識を持つことも大切なことです。資料は豊富にありますが、主題によって複数の本棚に分散しています。「韓国コスメ」に限定して取り上げる生徒もいます。

ゾクゾク「モノ」の歴史事典１
よそおうの巻

☆

ゆまに書房 刊
Ｂ５判
43ページ
本体価格：2,600円
2000年

　生活の中にある様々な「モノ」の歴史を、端的にまとめた百科事典。各項目が、見開きページの中に年表と写真入りでまとめられています。子どもにも読みやすいように、漢字はふりがな付き。化粧については、時代ごとにどんな社会的意味を持っていたのか、どんな色・形の化粧がはやっていたのかがわかります。（山）

今日からモノ知りシリーズ
トコトンやさしい化粧品の本

☆☆☆

福井寛 著
日刊工業新聞社 刊
Ａ５判
160ページ
本体価格：1,400円
2009年

　資生堂の特別研究員である著者が、「化粧品」について図表を用いて解説しています。化粧品の定義と効用、世界と日本の化粧の歴史を１章で簡単に説明し、２〜６章では化学的な要素を中心に、皮膚や毛、爪の仕組み、化粧品の成分と安全性、機能性化粧品とこれからの化粧品についての展望を紹介しています。（南）

図解入門 業界研究 最新化粧品業界の動向とカラクリがよ〜くわかる本 [第４版]

☆☆☆

梅本博史 著
秀和システム 刊
Ａ５判
264ページ
本体価格：1,400円
2016年

　化粧品業界で今何が起きているのか、具体的なデータを示して説明しています。資生堂が開発した「制度品システム」など、独特の販売システムについても詳しいです。今後成長が期待されている中国市場進出についても、先駆的な資生堂が韓国企業に苦戦しているなど最前線の事例が紹介されています。（南）

化粧品を正しく使えばあなたはもっとキレイになる。／プロのためのスキンケアアドバイスの基本

☆☆☆

川島眞 著
幻冬舎 刊
Ｂ６判変型
184ページ
本体価格：1,000円
2014年

岡部美代治 著
フレグランスジャーナル社 刊
Ｂ５判変型
144ページ
本体価格：1,800円
2011年

　化粧品の役割と使い方を紹介する２冊。前書は美容皮膚科学の教授によるもので、自分に合った化粧品の選び方のアドバイスと美容用語の解説があります。後書はエステティシャンや化粧品販売者など、美容の仕事に従事する人を対象に、化粧品の役割と処方、肌への働きを科学的に解説しています。（南）

人気度 1.4 ☆

グリム童話 ― 国を超え、時代を超えて伝わるメルヒェン ―

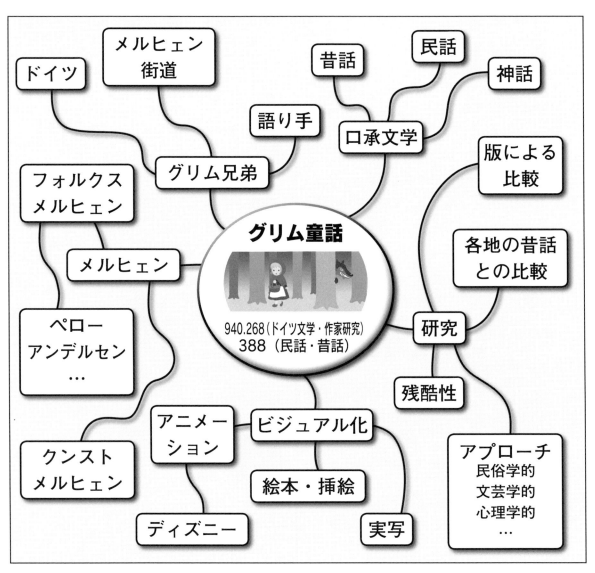

　「昔話」と切り離せない関連がありますが、ここではグリム童話を主に紹介します。残酷さや成長、目覚めなど、思春期の子どもをひきつける要素に加え、中学生にとってはディズニー作品の影響も大きいようです。興味を持つ子は多く、関連書籍も多数出版されていますが、自分なりに読み解いてまとめるには力が必要です。グリム童話自体を楽しむ本も、視点を変えて多数出版されています。

グリム童話の旅
グリム兄弟とめぐるドイツ

☆ ☆
小林将輝 著
小澤昔ばなし研究所 刊
四六判
103ページ
本体価格：1,500円
2014年

　グリム童話とグリム兄弟について基本的事項をおさらいしたあと、グリム兄弟ゆかりの街とメルヒェン街道をめぐる旅に出かけます。写真はカラーで行ってみたくなります。本文中で紹介されたおはなしと、ヤーコプ・グリム『自叙伝』（小澤俊夫 訳）も収録。グリム兄弟年表はコンパクトにまとめられています。（南）

カラー図説　グリムへの扉

☆ ☆
大野寿子 編
勉誠出版 刊
Ａ５判
352ページ
本体価格：2,400円
2015年

　グリム兄弟について、グリム童話の挿絵の歴史、グリム童話研究の歴史、グリム兄弟博物館の歴史という４章にわたって、９人のグリム研究者がグリムの世界を案内します。明治期に初めて日本で紹介された歴史や、比較民話学の視点の記述もあります。文献紹介など参考資料が充実しているのもうれしい一冊。（南）

昔話は残酷か　グリム昔話をめぐって／ちくま学芸文庫　グリム童話　子どもに聞かせてよいか？

☆ ☆
野村泫 著
東京子ども図書館 刊
Ｂ６判
60ページ
本体価格：750円
1997年

☆ ☆ ☆
野村泫 著
筑摩書房 刊
文庫判
224ページ
本体価格：1,000円
1993年

　グリム童話は残酷か、という問いに答える２冊です。前書はあらすじの紹介はありますがお話自体は収録されていません。文芸学・民俗学・心理学という異なる３つの視点からコンパクトに解説されています。後書はグリム童話に対する否定的な意見を紹介した上で、肯定的な意見をまとめ、検証しています。（南）

こんにちは、昔話です／グリム童話集200歳　日本昔話との比較

☆ ☆
小澤俊夫 著
小澤昔ばなし研究所 刊
四六判
192ページ
本体価格：1,000円
2009年

☆ ☆ ☆
小澤俊夫 著
小澤昔ばなし研究所 刊
四六判
288ページ
本体価格：1,800円
2012年

　著者が同じ２冊です。グリム童話の紹介と解説に加え、日本昔話との類似点や相違点を分析しています。文章は難しくないのですが、絵が少なくページ数も多いので、子どもは読むのに根気が必要かもしれません。『こんにちは、昔話です』は、昔話を口で語ること、伝承していくことの重要性がわかる本です。（岡）

人気度 1.4 ☆

タバコ　― 百害あって一利なし。万病のもとの嗜好品 ―

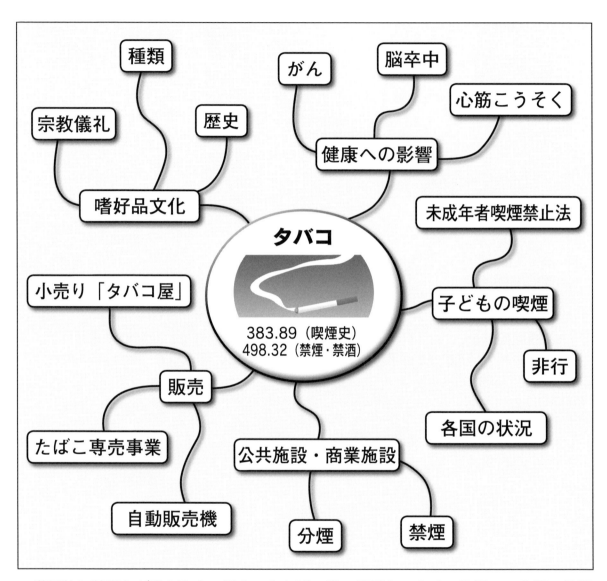

　世界的に禁煙化が進む昨今。日本でもたばこ税の増税と、多くの施設での分煙・禁煙化が進んでいます。子どものテーマとしては、健康への悪影響や未成年の喫煙問題などが興味を持ちやすいでしょう。低年齢向けの書籍も多く、資料集めは容易です。対して嗜好品文化という観点からもおもしろいテーマになります。タバコは宗教的にも経済的にも、歴史と深く関わっているからです。

10代のフィジカルヘルス1　タバコ

☆☆
加治正行・笠井英彦 著
大月書店 刊
菊判
62ページ
本体価格：1,800円
2005年

　少し古い本で、データは出版当時のものですが、カラー図版も多く、文章も平易な本です。タバコの悪影響と、それにもかかわらず世の中に受け入れられてきた経緯がわかります。なぜ喫煙を始めたのか、どうすればやめられるのか、「10代生徒のケース」で例示。若者の喫煙の実態として、真実味があります。（山）

安全な毎日を送る方法③
飲酒, 喫煙, 薬物乱用から身を守る

品切れ

☆
川畑徹朗 監修
学研 刊
ＡＢ判
44ページ
2009年

　安全な毎日を送る方法シリーズの第3巻で、タバコに関連することは12ページ掲載されています。ニコチン依存、煙の有害物質についてなど、身体への悪影響をイラストで解説し、特に未成年への影響を中心にまとめられています。漢字にはすべてふりがながあり、簡単で読みやすいです。（岡）

岩波ジュニア新書 〈知の航海〉シリーズ
タバコとわたしたち

☆☆
大野竜三 著
岩波書店 刊
新書判
164ページ
本体価格：780円
2011年

　タバコが身体や社会にもたらす影響は大きく、火災を引き起こしたり、医療を通じて経済的な損害を与えたりします。日本は禁煙後進国であるとして、世界の取り組みと日本を比べています。脱タバコ社会に向けて今後のあるべき方向を示す本です。特に若年層への危険性が強調されています。（岡）

嗜好品文化を学ぶ人のために

☆☆☆
高田公理・嗜好品文化研究会 編
世界思想社
四六判
258ページ
本体価格：2,000円
2008年

　「栄養摂取を目的とせず、香味や刺激を得るための飲食物」(広辞苑)である嗜好品。そこに分類された、世界中の品を紹介した一冊。歴史や文化だけでなく、文学、生理学、宗教学、植物学など、多様な学問分野から嗜好品にアプローチしている点でおもしろく読めます。タバコと人類史の深い関係がわかります。（山）

人気度 1.4 ☆

バレンタインデー
― 伝説？ 純愛？ 商業主義？ 謎に包まれた「愛の日」のルーツ ―

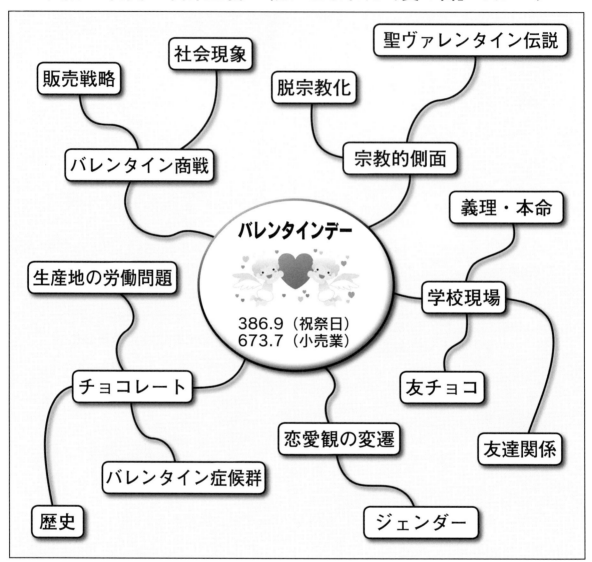

　今ではすっかり毎年恒例イベントのバレンタインデーですが、主題に取り上げた本は意外と少なく、資料探しには苦労します。たわいもない通俗的な習慣で、学術研究に値しないテーマだ、というのが一般的だからです。しかし宗教的観点やバレンタインデー商戦、チョコレートをめぐる労働問題など、様々な側面からアプローチすることで、意義あるテーマに化けるかもしれません。

平凡社新書 バレンタインデーの秘密
愛の宗教文化史

☆☆☆
浜本隆志 著
平凡社 刊
新書判
256ページ
本体価格：840円
2015年

　バレンタインデーの発祥から現在までを丁寧に追うことで、時代とともに移り変わる人類の「愛のかたち」を探究しています。宗教的側面や、チョコレート生産をめぐる問題、製菓会社の販売戦略など、様々な観点からの詳細な記述があります。子どもには難易度が高いですが、このテーマに絶対に必要な一冊です。(山)

それ日本と逆!? 文化のちがい習慣のちがい4
フムフム人生のイベント

☆☆
須藤健一 監修
学研 刊
Ａ４判変型
48ページ
本体価格：2,800円
2012年

　さまざまなイベントの事例をもとに、日本と世界各国の文化や習慣の違いを比較する本です。イラストがメインで、説明は簡単に添えられています。バレンタインデーに関しては、主にイタリアと日本の違いを比較しつつ、ほかの国の風習も紹介しています。世界地図や国旗も掲載されています。（岡）

年中行事・記念日から引ける 子どもに伝えたい
食育歳時記

☆☆
進藤由喜子 著
ぎょうせい 刊
Ａ５判
204ページ
本体価格：2,000円
2008年

　「食べること」を通して日本古来の暮らしを伝える本です。日本の行事と食の関係を１月から12月まで順番に並べて紹介しています。２月14日に関しては４ページ書かれています。食育の本なので、バレンタインデーの由来の説明は少なく、チョコレートについて詳しく書かれています。（岡）

よくわかる キリスト教の暦／
ヨーロッパの祭りたち

☆☆　　　　　品切れ
今橋朗 著
キリスト新聞社 刊
Ａ５判
123ページ
本体価格：1,200円
2003年

☆☆☆
浜本隆志・柏木治
編著
明石書店 刊
四六判
328ページ
2003年

　前書はキリスト教の暦について、１年間のイベントごとにやさしく解説した資料です。バレンタインが持つ宗教的側面についての記述があります。後書はヨーロッパ各地に伝わる、様々な宗教・民族儀礼を、民俗学の観点で研究した資料。バレンタインについては５ページにわたる記述があります。（山）

人気度 1.4 ☆

インフルエンザ ― ウイルスが引き起こす病気 ―

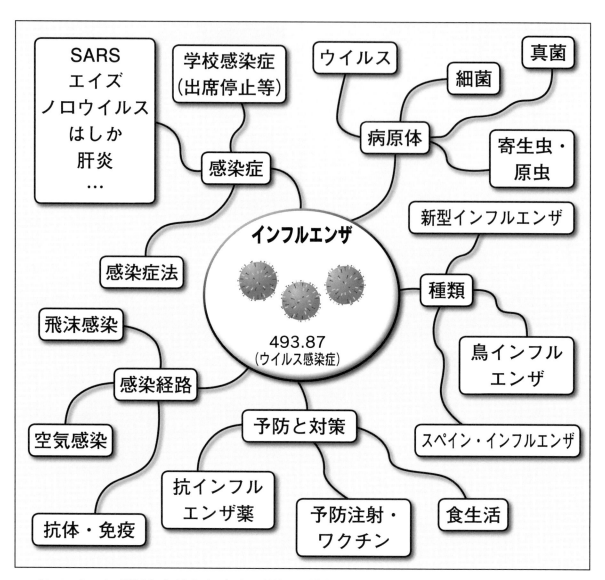

　インフルエンザは毎年流行します。学級閉鎖も珍しくなく、高齢者では命に関わる場合も。正しい知識を得ることは予防や自分がなったときの対処法につながります。ウイルスが引き起こす様々な感染症（エイズ、エボラ出血熱……）や、伝染病と人との歴史などに研究が展開する場合も多いです。小学生向けのセット本が多く役立ちますが、中学生向きの踏み込んだ内容の本が望まれます。

※1. 新型インフルエンザはなぜこわい？ 2. インフルエンザの予防と対策 3. 感染症と医学の歴史

知ろう！防ごう！インフルエンザ 全3巻※

☆
田代眞人・岡田晴恵　監修
岩崎書店 刊
Ａ４判
各40ページ
本体価格：各2,500円
2009年

インフルエンザという病気についてよくわかる子ども向け全3巻のシリーズ本。かぜとの違いといった基本的な事柄から、学級閉鎖や学校閉鎖は「学校保健安全法」という法律で決められていること、インフルエンザウイルスと免疫の仕組み、鳥インフルエンザが警戒される理由まで詳しく解説されています。（南）

保健室で見る感染症の本①
「インフルエンザ」編　いつでもどこでも無差別攻撃

☆
近藤とも子 著
大森眞司 絵
国土社 刊
Ｂ５判
32ページ
本体価格：2,800円
2013年

感染症についてのシリーズ本のうちの一冊です。絵本のような印象の本で、インフルエンザの基本的な事柄をイラストで説明しています。低学年にもわかるよう、目で見てわかることを意識してつくられており、インフルエンザに関する最低限一通りの事柄がわかります。あとがきで知識の補足ができます。（南）

おしえて！ インフルエンザのひ・み・つ

☆
岡田晴恵 著
きしらまゆこ 絵
ポプラ社 刊
Ａ５判変型
63ページ
本体価格：1,300円
2014年

子どもにもよくわかる本。インフルエンザウイルスには3種類のトゲがあり、それぞれ名前がついているなど専門的な説明もあるのですが、ウイルスの写真や図解が大きくはっきり掲載されているのでわかりやすいです。ウイルスと細菌はキャラクター化されており、親近感を持って理解を進められます。(南)

サイエンス・アイ新書
ウイルスと感染のしくみ

☆☆
生田哲 著
SBクリエイティブ 刊
新書判
208ページ
本体価格：1,000円
2013年

ウイルスに関する基礎知識や新薬開発の現状、感染症の広まり方などをカラーイラストや写真、図を用いて詳しく解説。インフルエンザについては丸々1章を割いて解説しています。「遺伝子をたんぱく質で包んだだけ」という簡単な構造のウイルスが、人類にどれだけの影響を与えてきたのかを実感する本です。（南）

人気度 1.4 ☆

バレエ ― 憧れの世界をもっと詳しく！―

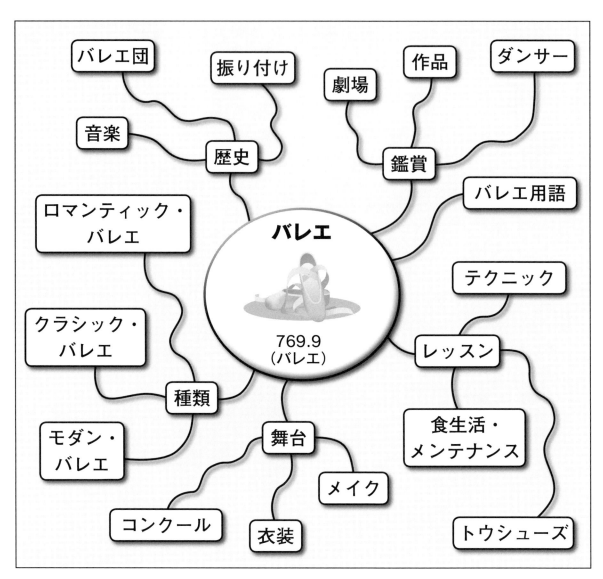

　かつてバレエを習っていた、今も続けているなど、バレエ好きの子どもがテーマに選ぶことが多いです。テクニックなどの練習法から、作品ガイド、食生活、メンテナンス、メイク法、バレエ団紹介、用語集など、関連書籍は多岐にわたり出版されていて、レベルや用途に合ったものを選べます。難解な本もありますが、多くは写真やイラストを用いての説明で、手に取りやすいです。

バレエの世界へようこそ！
あこがれのバレエ・ガイド

☆ ☆
リサ・マイルズ 著
英国ロイヤル・バレエ 監修
斎藤静代 訳
河出書房新社 刊
Ａ３判変型　80ページ
本体価格：2,700円
2015年

　英国ロイヤル・バレエ監修の入門書。歴史や名作紹介はもちろん、舞台装置や衣装など表舞台に上がらない部分や、芸術監督や劇場で働く人たち、ダンサーの健康管理を行っている人たちまで紹介されています。多くの項目について扱っており、おのおのの解説は少ないので、次の本へとつないでいってください。（南）

バレエのはじめ

☆ ☆
伊藤彩子 著
WAVE出版
Ａ５判
175ページ
本体価格：1,400円
2003年

　バレエを始めたい人向けの本。大人向けに書かれていますが、Ｑ＆Ａ形式でわかりやすいです。始める前の不安を解消し、バレエファッションの楽しみや初舞台を踏むまでのステップについて丁寧に答えてくれます。歴史や種類のほか、バレエ・ダンサーの仕事、全国のスタジオやショップの紹介もあります。（南）

魅惑のバレエの世界　入門編

☆ ☆ ☆
渡辺真弓 著
瀬戸秀美 写真
青林堂 刊
Ａ５判
143ページ
本体価格：1,700円
2015年

　バレエの世界を網羅的に扱う本。入門編とありますが、バレエに関する基本的知識のある人の方が楽しめる内容です。「20世紀バレエ」をキーワードに、世界の名門バレエ団の現在、古典バレエの名作、バレエ・リュス（ロシア・バレエ団）の歴史、20世紀伝説のダンサーと振付家・芸術監督を紹介しています。（南）

改訂版　バレエ　パーフェクト・ガイド

☆ ☆ ☆
ダンスマガジン 編
新書館 刊
Ｂ５判
127ページ
本体価格：1,600円
2012年

　ダンサー、バレエ団、作品、振付家という視点からバレエの世界に迫っています。紹介されると見たくなるので、主要なダンサー・名作紹介のページにDVDガイドがあるのもうれしいです。オールカラーでないのが残念ですが、この価格でこの情報量はお得。巻末にブックガイドとDVDガイドもあります。（南）

人気度 1.4 ☆

SNS依存 ― 高度情報化社会が生み出した社会病理 ―

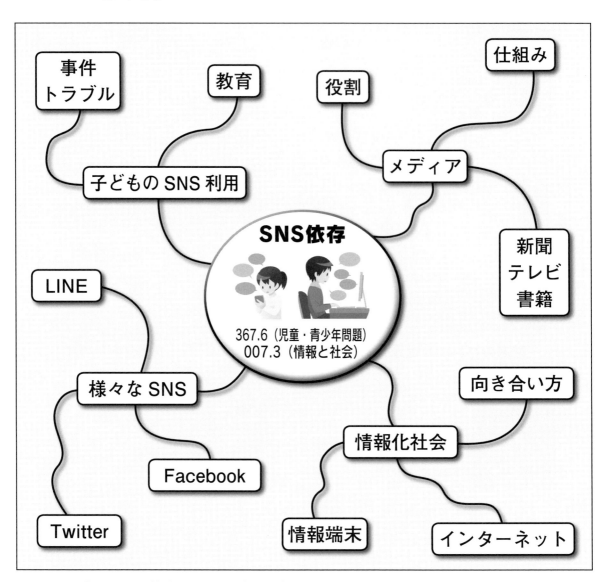

　かつて「ケータイ依存」として生徒に扱われていたテーマです。従来「メール」で済まされていた携帯電話によるやりとりは、スマートフォンの登場でより社会に広く開かれたSNSなどに代替されるようになりました。インターネットの特徴を大いに生かしたこのコミュニケーション手段は、情報の即時性と拡散性を飛躍的に向上させました。その一方で、変わらぬ依存や様々なトラブルを生じさせています。

※1：1. 知りたい！ネットの世界 2. どうしよう？SNSのトラブル 3. ストップ依存！SNSのかしこいつかい方

池上彰さんと学ぶ みんなのメディアリテラシー　全3巻※1

☆
池上彰 監修
学研 刊
Ａ４判変型
各48ページ
本体価格：各2,800円
2015年

　池上彰さんが監修する本書は、テレビ、新聞、インターネット、それぞれがどのような特徴を持っているのかを、ストーリー仕立てのマンガとイラストでやさしく詳細に解説しています。日常の中でメディアにどう向き合えばよいのかが、よくわかる本。調べ学習はもちろん、学校での情報教育にも有効です。(山)

おしえて！尾木ママ 最新SNSの心得　全3巻※2

☆
尾木直樹 監修
ポプラ社 刊
Ｂ５判変型
各63ページ
本体価格：各2,850円
2015年

　不安を抱える子どもに手渡してあげたい本。全3巻でインターネット・SNSの仕組みから付き合い方までを「一緒に考える」というスタンスで紹介しています。相談例への具体的なアドバイスが助けになる子どもは多そう。尾木さんの「大変だけど、でも大丈夫」というメッセージが伝わってきます。（南）

脱ネット・スマホ中毒　依存ケース別 ＳＮＳ時代を生き抜く護身術！

☆☆
遠藤美季 著
高原玲 漫画
誠文堂新光社 刊
四六判
192ページ
本体価格：1,400円
2013年

　実際の事例をもとに会話形式で解説が進むので読み物としてもおもしろい本。会話中に出てきた語句の解説や関連するデータの紹介が枠外にあり、巻末にもネット用語解説があります。子どもに限定せず、現代社会全体の事例を扱っているので、「パートナー間のネット依存」など、子どもには早いと思われる事例紹介も。（南）

脱！スマホのトラブル
LINE フェイスブック ツイッターやって良いこと悪いこと

☆☆
佐藤佳弘 著
武蔵野大学出版会 刊
四六判
160ページ
本体価格：1,250円
2014年

　1問1答式の1項目を見開きページで解説しています。質問と回答を目立つように配置し、詳しく知りたい人は内容を読み進めていくという構成です。軽い気持ちでしたことがどんな罪に問われるかも具体的に示し、巻末で関係する法律、実際の事件も紹介。トラブルに遭遇した際にも役に立ちそうです。（南）

※1：1. メディアの役割とその仕組み 2. インターネットの便利さ・怖さ 3. スマホ・SNSとの正しい付き合い方

113

人気度 1.4 ☆

トランペット ― 一番高い音の出る金管楽器 ―

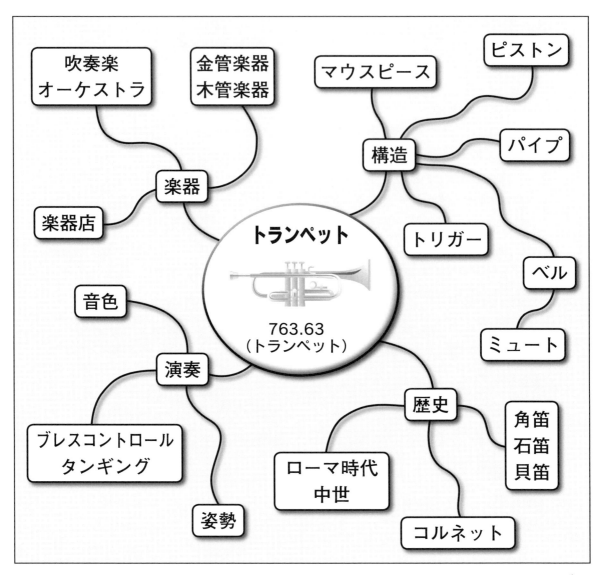

　吹奏楽では主役になることも多いトランペットです。金管楽器の中では一番サイズの小さいグループですが、一番高く大きな音が出ます。本格的に練習したい人に向けた本から絵本まで、多数出版されています。吹奏楽部のトランペット担当の子どもがテーマにします。楽器の成り立ちや構造、練習方法を調べ、まとめることで演奏技術の向上に役立てています。

オーケストラ・吹奏楽が楽しくわかる楽器の図鑑３
金管楽器 トランペットのなかま

☆
佐伯茂樹 著
小峰書店 刊
Ａ４判変型
47ページ
本体価格：3,000円
2011年

　全５巻のシリーズ本の一冊で、金管楽器について紹介されています。詳しく取り上げるのはトランペット、ホルン、チューバ、トロンボーンの四種。おのおのの楽器の進化や音が出る仕組みを写真で説明しています。類書は様々ありますが、音が出る仕組みを体感できる楽器づくりの紹介があり、興味深いです。演奏CD付き。（南）

いちばんはじめに読むシリーズ
超入門トランペット塾

☆☆
小林俊司 著
ヤマハミュージックメディア 刊
菊倍判
40ページ
本体価格：900円
2009年

　トランペットをこれから始めようとする人のための導入教本です。前半にトランペットの歴史、演奏家の紹介と年表、各部品の名称や吹き方、練習方法がコンパクトにまとめられています。後半は練習曲の楽譜です。必要な知識を得て、演奏の上達を目指すという構成です。（岡）

カラー図解　楽器の歴史

☆☆
佐伯茂樹 著
河出書房新社 刊
Ａ５判
144ページ
本体価格：2,000円
2008年

　オーケストラで使われている楽器を中心に紹介されています。トランペットの解説は少ないですが、楽器全体におけるトランペットの役割がわかります。トランペット奏者を雇うことがステイタスだった時代があるなど、人に教えたくなるような情報も。写真での説明はわかりやすいですが、索引がないのが残念。（南）

Band Journal Book ８
うまくなろう！ トランペット

☆☆☆
板倉駿夫 著
音楽之友社 刊
Ａ５判
96ページ
本体価格：1,400円
1999年

　演奏したい人のための本。歴史や種類についてはコンパクトにまとめ、練習法や知っておくべき知識を丁寧に解説しています。図解なので、イメージしやすく、この本があれば一人でも練習ができそうです。楽器の選び方やメンテナンスについても解説があり、連載時読者から寄せられた質問に答えるQ＆Aも収録。（南）

人気度 1.4 ☆

月 － 見上げればそこに －

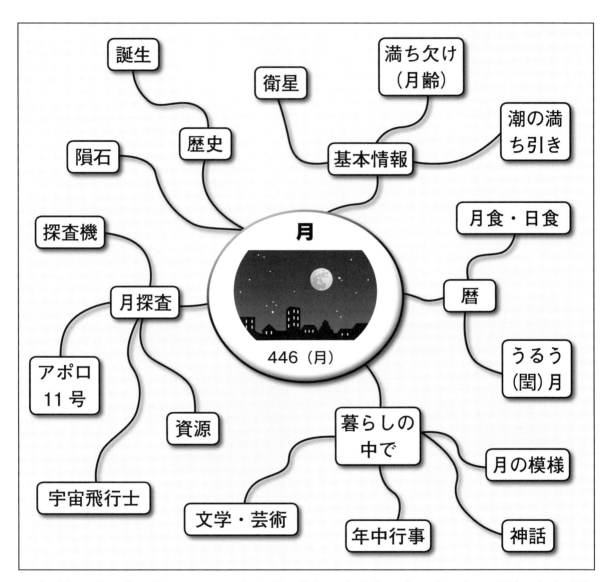

　身近な天体である月は、いつでも人間の暮らしとともにありました。理科でもよく取り上げられているだけに関心は高いです。暦と月齢はもちろん、月食、潮の干満、行事、文学や芸術といった様々な視点から学ぶことが可能です。子ども向けの資料も豊富で、写真が多い本、情報量が多い本など、目的に応じて選択できます。

星と宇宙がわかる本２
月を探る　月の動きとすがた・月食

☆

縣秀彦 監修
学研 刊
Ａ４判変型
48ページ
本体価格：3,000円
2012年

　全４巻のシリーズのうちの一冊。目次から内容を探しやすく、何年生の教科書のどの単元と関係があるのかが詳しく書かれていたり、自由研究のアイデア集がまとめられていたりと、調べ学習を意識した本です。カラー図版を用い、写真が美しい大型本です。望遠鏡を作って観察するという実験が楽しそうです。(南)

いたずら博士の科学だいすきⅠ－④
いろいろな月　わたしの月、ガリレオの月

☆

板倉聖宣・重弘忠晴 著
小峰書店 刊
Ａ４判変型
47ページ
本体価格：2,800円
2013年

　仮説実験授業で有名な板倉聖宣さんの共著本です。質問に対して仮説を立て、対話形式で読み進めていけます。黒いボールと黄色いボールを半分に切ってくっつけた「月の満ち欠け実験器」は空の月を手に入れた気分になれそうで作ってみたくなります。深く理解したい子どもにすすめたい本です。(南)

月の満ちかけ絵本

☆

大枝史郎 文
佐藤みき 絵
あすなろ書房 刊
Ｂ５判
40ページ
本体価格：1,200円
2012年

　１日目を新月として、１か月の月の満ち欠けを紙上で体験できる本です。日ごとの月に名前がついていたり、月の満ち欠けで日を数えたりと、月が人の生活に密着し、親しまれてきたことがわかります。巻末に日食・月食のふしぎや潮の満ち引きとの関係、2019年までの月の満ち欠け表があり、使えます。(南)

月と暮らす。月を知り、月のリズムで

☆ ☆

藤井旭 著
誠文堂新光社 刊
Ａ５判
192ページ
本体価格：1,500円
2011年

　月を多角的にとらえ、暦や伝説、年中行事と絡めて紹介しています。人間は昔から空を眺め、月に憧れを抱いて暮らしてきたことが実感できます。文学作品と月に興味を持つ生徒もいるので、有名な作品に限られていますが、「月の文学」をまとめて紹介しているのも役立ちます。月に関する基本的な情報も有り。(南)

分類順書籍索引

　ブックカタログとして紹介した書籍を分類の番号順に並べた索引です。このリストを持って図書館を分類順に回ってみてください。探究学習のために図書館が真っ先に必要とする本約300冊がわかります。

　小学校を対象とする場合はブックカタログの☆が、ひとつかふたつの本をおすすめします。中学校・高等学校の場合は☆ひとつから三つまでのすべて本をおすすめします。高校生の探究学習といえども、図や写真の多い小学生向けの本は活躍します。

分類	項目名	書名	シリーズ名	出版社	ページ
0　総記	**情報学、図書館**				
00	**総記**				
007	情報科学	最新コンテンツ業界の動向とカラクリがよくわかる本 [第3版]	図解入門　業界研究	秀和システム	33
007.3	情報と社会		最新SNSの心得 全3巻	ポプラ社	113
		脱！　スマホのトラブル		武蔵野大学出版会	113
1　哲学	**哲学、心理学、倫理学、宗教**				
19	**キリスト教・ユダヤ教**				
196	典礼・祭式・礼拝	よくわかるキリスト教の暦		キリスト新聞社	107
2　歴史	**歴史、伝記、地理**				
21	**日本史**				
210.32	日本史・古墳時代	知識ゼロからの　古墳入門		幻冬舎	99
		巨大古墳をつくる	絵本版 おはなし日本の歴史3	岩崎書店	99
		古墳の研究	調べ学習日本の歴史2	ポプラ社	99
		スソアキコのひとり古墳部		イースト・プレス	99
		まりこふんの古墳ブック		山と溪谷社	99
210.58	幕末史	新選組の大常識	これだけは知っておきたい6	ポプラ社	95
		新選組検定 公式ガイドブック		世界文化社	95
		新選組グラフィティ 1834 － 1868		実業之日本社	95
		土方歳三と新選組 10 人の組長	新人物文庫	KADOKAWA	95
3　社会科学	**政治、法律、経済、統計、社会、教育、風俗習慣、国防**				
33	**経済**				
330	経済	経済かんたん解説　上巻		フレーベル館	49
337	貨幣・通貨	お金の大常識	これだけは知っておきたい 14	ポプラ社	77
		お金 100 のひみつ	学研まんが 新ひみつシリーズ	学研	77
		円	日本のもと	講談社	77
		世界のお金 100	しらべ図鑑マナペディア	講談社	77
		コインと紙幣の事典	「知」のビジュアル百科30	あすなろ書房	77
			世界のお金図鑑　全3巻	汐文社	77
338	金融・銀行	金融の教科書		アスペクト	49
338.155	株式理論	もしも会社をまるごと買収できたら	はじめまして！10歳からの経済学5	ゆまに書房	49
36	**社会**				
361.453	マスメディア		池上彰さんと学ぶみんなのメディアリテラシー 全3巻	学研	113
362	社会史	家族	日本のもと	講談社	85

366.29	職業紹介	お金をあつかう仕事	職場体験完全ガイド 18	ポプラ社	49
		プロフェッショナル仕事の流儀 7		NHK 出版	59
		囲碁／将棋にかかわる仕事	マンガ 知りたい！なりたい！職業ガイド	ほるぷ出版	59
		動物にかかわる仕事	職場体験学習に行ってきました。10	学研	67
369.26	老人福祉		もっと知りたい！お年よりのこと 全5巻	岩崎書店	43
		認知症と病気	おじいちゃんおばあちゃんを知る本2	大月書店	43
369.27	障害者福祉		みんなのくらしを便利に 全3巻	あかね書房	65
			つながる・ささえあう社会へ 全3巻	あかね書房	65
			みんなのユニバーサルデザイン 全6巻	学研	65
		ユニバーサルデザインとバリアフリーの図鑑		ポプラ社	65
369.275	視覚障害者福祉	Q&A 盲導犬		明石書店	41
		盲導犬	社会でかつやくするイヌたち2	鈴木出版	41
		安全をいつも確認する犬たち 盲導犬・聴導犬	はたらく犬 1	学研	41

38　風俗習慣・民俗学・民族学

382	風俗史	フムフム人生のイベント	それ日本と逆⁉ 文化のちがい 習慣のちがい 4	学研	107
383.1	服飾史	増補新装 カラー版 世界服飾史		美術出版社	19
383.2	履物	くつ	ビジュアルでわかる 世界ファッションの歴史5	ほるぷ出版	87
383.5	化粧史	よそおうの巻	ゾクゾク「モノ」の歴史事典 1	ゆまに書房	101
383.8	飲食史	子どもに伝えたい 食育歳時記		ぎょうせい	107
383.89	喫煙史	嗜好品文化を学ぶ人のために		世界思想社	105
385.4	婚姻習俗	世界・ブライダルの基本		プラザ出版	85
		大人ウエディングパーフェクトガイド		大泉書店	85
		結婚の段取りとしきたり		マイナビ出版	85
386	年中行事	バレンタインデーの秘密	平凡社新書	平凡社	107
		ヨーロッパの祭りたち		明石書店	107
388	民話・昔話	昔話は残酷か		東京子ども図書館	103
		グリム童話 子どもに聞かせてよいか？	ちくま文芸文庫	筑摩書房	103
		こんにちは、昔話です		小澤昔ばなし研究所	103
		グリム童話集 200 歳		小澤昔ばなし研究所	103

39　国防・軍事

392.1076	自衛隊	自衛隊	写真とイラストでよくわかる！ 安全を守る仕事4	国土社	47
		よくわかる自衛隊	楽しい調べ学習シリーズ	PHP 研究所	47
		まんがで読む防衛白書 平成 28 年版		防衛省	47
		防衛白書 平成 29 年版		防衛省	47

4　自然科学　　　数学、理学、医学

44　天文学・宇宙科学

446	月	月を探る	星と宇宙がわかる本2	学研	117
		いろいろな月	いたずら博士の科学だいすき I-④	小峰書店	117
		月の満ちかけ絵本		あすなろ書房	117
		月と暮らす。		誠文堂新光社	117

45　地球科学・地学

453.9	温泉学	温泉の科学	サイエンス・アイ新書	SB クリエイティブ	29
		温泉の科学	知りたい！ サイエンス	技術評論社	29
		温泉学入門	新コロナシリーズ 51	コロナ社	29
		47 都道府県・温泉百科	47 都道府県・百科シリーズ	丸善出版	29
459	鉱物学	鉱物・宝石のふしぎ大研究		PHP 研究所	55

119

459.7	宝石	ずかん宝石	見ながら学習 調べてなっとく ずかんシリーズ	技術評論社	55
		宝石の科学	おもしろサイエンス	日刊工業新聞社	55
459.9	結晶学	結晶・宝石図鑑	「知」のビジュアル百科2	あすなろ書房	55
46	**生物科学・一般生物学**				
467.2	遺伝子	太っちょ・やせっぽちの "読む本"	じぶんのからだシリーズ3	ジャパンマシニスト社	91
		遺伝子・DNAのすべて		童心社	91
		遺伝のしくみ	カラー版 徹底図解	新星出版社	91
		ヒトの遺伝子と細胞	まなびのずかん	技術評論社	91
47	**植物学**				
474.85	真正担子菌類	きのこの不思議	子供の科学★サイエンスブックス	誠文堂新光社	37
		きのこ博士入門	たのしい自然観察	全国農村教育協会	37
48	**動物学**				
483.3	腔腸動物	クラゲの秘密	子供の科学★サイエンスブックス	誠文堂新光社	93
		クラゲのふしぎびっくりばなし	かこさとし大自然のふしぎえほん5	小峰書店	93
		クラゲ大図鑑		PHP研究所	93
		くらげる		山と渓谷社	93
486.6	甲虫類	ホタル	いのちのかんさつ6	少年写真新聞社	97
		ホタル	ドキドキいっぱい！虫のくらし写真館12	ポプラ社	97
		ホタル	田んぼの生きものたち	農山漁村文化協会	97
		ホタルの飼い方と観察		ハート出版	97
489.42	コウモリ目	身近で観察するコウモリの世界	子供の科学★サイエンスブックス	誠文堂新光社	69
		コウモリ	新装版 科学のアルバム	あかね書房	69
		コウモリ識別ハンドブック〔改訂版〕		文一総合出版	69
		コウモリの謎		誠文堂新光社	69
489.6	クジラ目	クジラとイルカ		偕成社	73
		イルカ	科学のアルバム・かがやくいのち5	あかね書房	73
		クジラ・イルカのなぞ99		偕成社	73
		イルカの不思議		誠文堂新光社	73
49	**医学・薬学**				
491.1	解剖学	人のからだ	ポプラディア情報館12	ポプラ社	63
		からだのしくみクイズ1	解剖博士・竹内修二先生の はて・なぜ・どうして	合同出版	63
491.376	嗅覚	トコトンやさしいにおいとかおりの本	今日からモノ知りシリーズ	日刊工業新聞社	89
493.743	神経症	脱ネット・スマホ中毒		誠文堂新光社	113
493.758	認知症	認知症ぜんぶ図解		メディカ出版	43
		認知症の人のつらい気持ちがわかる本	こころライブラリー イラスト版	講談社	43
493.87	ウイルス感染症	知ろう！防ごう！インフルエンザ 全3巻		岩崎書店	109
		ウイルスと感染のしくみ	サイエンス・アイ新書	SBクリエイティブ	109
		「インフルエンザ」編	保健室で見る感染症の本 ①	国土社	109
		おしえて！インフルエンザのひ・み・つ		ポプラ社	109
494.8	皮膚科学	スキンケア美容医学事典		池田書店	81
		知って防ごう有害紫外線	ビジュアル版 新体と健康シリーズ	少年写真新聞社	81
		おしゃれ＆プチ整形	10代のフィジカルヘルス2	大月書店	81
		美肌の科学	おもしろサイエンス	日刊工業新聞社	81
496	眼科学	眼の話	メディカルサイエンスシリーズ8	東海大学出版部	63
		目のトラブルを解消する		日東書院本社	63
498.32	禁煙・禁酒	タバコ	10代のフィジカルヘルス1	大月書店	105

| 498.32 | 禁酒・禁煙 | 飲酒，喫煙，薬物乱用から身を守る | 安全な毎日を送る方法③ | 学研 | 105 |
| | | タバコとわたしたち | 岩波ジュニア新書〈知の航海〉シリーズ | 岩波書店 | 105 |

5　技術　　工学、工業、家政学

50　技術・工学

| 501.83 | 工業デザイン | ユニバーサルデザインがわかる事典 | | PHP研究所 | 65 |

52　建築学

521.823	城郭	城	イラスト図解	日東書院本社	45
		日本の城		世界文化社	45
		城郭の見方・調べ方ハンドブック		東京堂出版	45
		図説・戦う城の科学	サイエンス・アイ新書	SBクリエイティブ	45

53　機械工学

535.2	時計	機械式時計【解体新書】		大泉書店	23
		時計のはなし	人間の知恵8	さ・え・ら書房	23
		図説 時計の歴史	ふくろうの本	河出書房新社	23
		改訂新版 時計の針はなぜ右回りなのか	草思社文庫	草思社	23
536	運輸工学	自転車まるごと大事典		理論社	31
			安全に楽しく乗ろう！自転車まるわかりブック全2巻	教育画劇	31
			Q＆A式　自転車完全マスター　全4巻	ベースボール・マガジン社	31
		自転車メンテナンス		学研	31
		自転車トラブル解決ブック〔新版〕		山と溪谷社	31

57　化学工業

576.7	化粧品	トコトンやさしい化粧品の本	今日からモノ知りシリーズ	日刊工業新聞社	101
		最新化粧品業界の動向とカラクリがよ～くわかる本〔第4版〕	図解　入門業界研究	秀和システム	101
576.72	香水	ル　パルファン　ある感覚		フレグランスジャーナル社	89
		レア　パフューム	フォトグラフィー	原書房	89
		香水の歴史	フォトグラフィー	原書房	89

58　製造工業

589.2	被服	ファッションクロノロジー		文化出版局	19
		感性分類とトレンド分析		ファッション教育社	19
		最新アパレル業界の動向とカラクリがよ～くわかる本〔第4版〕	図解入門　業界研究	秀和システム	19
589.25	はきもの	靴選びガイド〔第2版〕		日本医事新報社	87
		靴　バッグ		繊研新聞社	87
		足と靴の科学	おもしろサイエンス	日刊工業新聞社	87
589.73	文房具	文房具図鑑		いろは出版	27
		コクヨ	見学！日本の大企業	ほるぷ出版	27
		えんぴつのはなし	人間の知恵3	さ・え・ら書房	27
		いっぽんの鉛筆のむこうに	たくさんのふしぎ傑作集	福音館書店	27
		文房具の開拓者たち	町工場の底力5	かもがわ出版	27
589.77	玩具	ゲームってなんでおもしろい？		KADOKAWA	33
		クリエイターのための　ゲーム「ハード」戦国史		言視舎	33

59　家政学・生活科学

595.5	化粧・美顔術	化粧品を正しく使えばあなたはもっとキレイになる。		幻冬舎	101
		プロのためのスキンケアアドバイスの基本		フレグランスジャーナル社	101
596	食品・料理	たべよう！チーズ・ヨーグルト		偕成社	51
			すしから見る日本　全5巻	文研出版	61
		すしの絵本	つくってあそぼう第5集21	農山漁村文化協会	61

596	食品・料理	日本　江戸前寿司	国際理解にやくだつ　NHK地球たべもの百科14	ポプラ社	61
		鮨12ヶ月	とんぼの本	新潮社	61
596.7	飲料	コーヒーの基礎知識	食の教科書	枻出版社	39
		コーヒー語辞典		誠文堂新光社	39
		COFFEE BOOK		誠文堂新光社	39
		コーヒー「こつ」の科学		柴田書店	39

6　産業　　農林水産業、商業、運輸、通信

64　畜産業・獣医学

645.6	犬	ドッグトレーナー・犬の訓練士になるには	なるにはBooks91	ぺりかん社	41
		改訂版 イヌ・ネコ・家庭動物の医学大百科		パイインターナショナル	67
		家庭犬の医学		オクムラ書店	67
648.1	乳業	チーズの絵本	つくってあそぼう 第2集 7	農山漁村文化協会	51
		知りたかったチーズの疑問 Q&A		飛鳥出版	51
		チーズ入門	食品知識ミニブックスシリーズ	日本食糧新聞社	51
649	獣医学	珍獣ドクターの動物よろず相談記		河出書房新社	67
		珍獣の医学	扶桑社文庫	扶桑社	67

65　林業

657.82	椎茸・食用きのこ	きのこの絵本		ハッピーオウル社	37
		改訂版　きのこ検定公式テキスト		実業之日本社	37

67　商業

673.93	結婚式場	結婚式にかかわる仕事	マンガ 知りたい！なりたい！職業ガイド	ほるぷ出版	85
674.3	商業美術	マスコットキャラクター図鑑		グラフィック社	71
		キャラクターでもっと伝わるデザイン		パイインターナショナル	71
		キャラクターデザイン		玄光社	71
		イラストレーションキャラクターのつくり方		誠文堂新光社	71
		キャラクター総論		白桃書房	71
		キャラクター・パワー		NHK出版	71
		売れるキャラクター戦略		光文社	71

68　運輸・交通・観光事業

687.2	航空事情	航空業界大研究〔改訂版〕		産学社	25
687.38	航空乗務員	人をもてなす仕事	職場体験完全ガイド19	ポプラ社	25
		旅行にかかわる仕事	マンガ 知りたい！なりたい！職業ガイド	ほるぷ出版	25
		ANA客室乗務員になる本〔最新版〕	イカロスMOOK	イカロス出版	25
		外資系客室乗務員になる本〔改訂版〕	イカロスMOOK	イカロス出版	25
689.5	遊園地	新 ディズニーランドの空間科学		学文社	21
		ディズニー そうじの神様が教えてくれたこと		SBクリエイティブ	21
		ディズニーランドのここがすごいよ！		こう書房	21
		ディズニーの教え方		KADOKAWA	21

7　芸術　　美術、音楽、演劇、スポーツ、諸芸、娯楽

75　工芸

751.5	ガラス工芸	香水瓶の図鑑	フォトグラフィー	原書房	89

76　音楽・舞踊・バレエ

763	楽器	楽器の歴史	カラー図解	河出書房新社	115
763.2	ピアノ	楽器	透視絵図鑑　なかみのしくみ	六耀社	75
		ピアノ100のコツ	絶対！ うまくなる	ヤマハミュージックメディア	75
		ピアノの歴史		河出書房新社	75

763.2	ピアノ	まるごとピアノの本		青弓社	75
763.63	トランペット	金管楽器 トランペットのなかま	オーケストラ・吹奏楽が楽しくわかる楽器の図鑑3	小峰書店	115
		超入門トランペット塾	いちばんはじめに読むシリーズ	ヤマハミュージックメディア	115
		うまくなろう！ トランペット	Band Journal Book 8	音楽之友社	115
764.6	吹奏楽	必ず役立つ 吹奏楽ハンドブック		ヤマハミュージックメディア	83
			オーケストラ・吹奏楽が楽しくわかる楽器の図鑑 全5巻	小峰書店	83
		吹奏楽 身体エクササイズ		シンコーミュージック・エンタテインメント	83
		楽器から見る吹奏楽の世界	カラー図解	河出書房新社	83
769.9	バレエ	バレエの世界へようこそ！		河出書房新社	111
		バレエのはじめ		WAVE出版	111
		魅惑のバレエの世界 入門編		青林堂	111
		改訂版 バレエ パーフェクト・ガイド		新書館	111

77　演劇・映画・大衆芸能

771.7	演技・俳優術	声優になる！		雷鳥社	79
		声優トレーニング最強BIBLE		トランスワールドジャパン	79
		ぜったい声優になる！ 最強トレーニングBOOK		トランスワールドジャパン	79
		声優になる！ 最強BOOK〔改訂版〕		雷鳥社	79
		声優になるには	なるにはBooks53	ぺりかん社	79
		声優道	中公新書	中央公論新社	79

78　スポーツ・体育

780.1	体育理論	体力をつける食事	Q&A式 子ども体力事典3	ベースボール・マガジン社	53
		ジュニアのためのスポーツ食事学		学研	53
		10代スポーツ選手の食材事典		大泉書店	53
		アスリートのための食トレ		池田書店	53
		目	調べよう！知ろう！ 体とスポーツ3	ベースボール・マガジン社	63
783.1	バスケットボール	わかりやすいバスケットボールのルール		成美堂出版	35
		バスケットボールのルール 審判の基本		実業之日本社	35
		バスケットボール	できる！スポーツテクニック6	ポプラ社	35
		試合で勝てるチームの作り方		池田書店	35
		バスケットボール物語		大修館書店	35
		試合で勝つ！ バスケットボール		メイツ出版	35
789.8	忍術	なるほど忍者大図鑑		国土社	57
			正伝 忍者塾 上下巻	鈴木出版	57
		忍者	イラスト図解	日東書院本社	57
		忍びと忍術	雄山閣アーカイブス 歴史編	雄山閣	57

79　諸芸・娯楽

796	将棋	将棋タイトル戦30年史 1984～1997年		マイナビ出版	59
		将棋タイトル戦30年史 1998～2013年		マイナビ出版	59
		今から始める将棋		NHK出版	59
		子ども版 将棋のルールを覚えた次に読む本		創元社	59
798.5	テレビゲーム	ゲームの教科書	ちくまプリマー新書	筑摩書房	33

8　言語

9　文学

94　ドイツ文学

940.268	作家研究	グリム童話の旅		小澤昔ばなし研究所	103
		グリムへの扉	カラー図説	勉誠出版	103

コラム　卒業研究を支えるICT

　清教学園中・高等学校では2017年度より高校1年生全員がパソコンを持参するようになりました。並行して、中学校でもここ数年急速にデジタル化を進めています。

　具体的には卒業研究の作品はWordをはじめとするMicrosoft Officeを中心に作成されるようになりました。加えて、2016年度には、全生徒にOffice365のライセンスが発行されました。これで、自宅にインターネット環境さえあれば、若干の制限はあるものの、ほぼ自由に各種のOfficeのソフトが使えるようになりました。

　加えて本校ではeポートフォリオシステムとして、「まなBOX」（株式会社NSD）を2016年度から導入しました。この「まなBOX」もOffice365と同様にIDとパスワードを入力すれば、どこからでも課題の提出ができます。また、教師の側からも教材の配布やアンケートが可能です。

　パスワードの管理や、操作説明の時間不足、コンピュータのメーカーの違いによるソフトの違いなど、様々な課題はあります。しかし、生徒はお互いに相談しつつ、次々に現れるコンピュータ技術に苦労しながらも学んでいます。

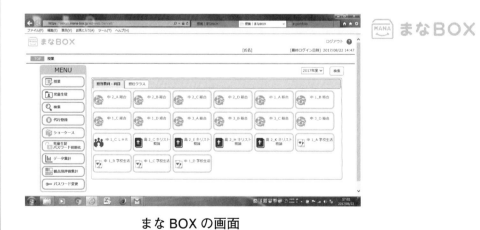

まなBOXの画面

第3部
フィールドワークの指導と実際

▲ JTB西日本の方に海外ツアーの企画について取材

梅花女子大学心理こども学部こども学科の香曽我部秀幸先生に絵本について取材 ▼

　第3部では、卒業研究の中からフィールドワークの授業を紹介します。計画書と取材申し込みの手紙づくりを皮切りに、取材当日の心得、取材後のまとめや礼状の発送など、具体的な指導のポイントや生徒の動きの実際を述べます。

フィールドワークの計画書を書く

計画書を書く

　フィールドワークは計画書から始まります。ここで生徒は様々に問われます。「どこに・どなたに取材するか」「どこに手紙を出すか」「どんな質問をするか」「どんな準備が必要か」……。これらの問いに答えつつ、各自で取材先を探します。

　以下は生徒に配布した計画書のサンプルです。実際には、断られる可能性を考えて、2か所の取材先を書きます。

フィールドワーク先の名称・インタビューする方の肩書き・氏名 清教刃物工業株式会社　社長　〇〇〇〇さん
どこに取材に行くのか（具体的な住所・最寄り駅などのアクセス方法） 住　　　所：〒586-8484　大阪府河内長野市末広町623 電話番号：0721-62-6828 メールアドレス：infomaster@seikyo.ed.jp アクセス：河内長野駅から徒歩10分
何を聞くか（質問3つ以上。箇条書き可）自宅で何をするか（方法・器具・段取り等） ・この会社の刃物づくりの特色はなんですか。 ・新製品を開発するきっかけがあったら教えていただけますか。 ・伝統工芸の技術は製品作りにどう生かされていますか。 ・このお仕事で大切にされていることはなんですか。
その他（フィールドワークに必要な準備・電話・録音・写真） スマートフォンで録音・デジカメで撮影・ノート・筆記用具

計画書のサンプル

誰に・どこに手紙を出すか

　さて、実際に取材依頼の手紙はフィールドワークの成否をにぎる鍵です。特に注意したいのはその宛先です。

まず、大学の研究者や本の著者など「この方にお話を伺いたい」という、個人を特定して取材を申し込む場合です。参考にした本に著者が所属する大学などが書いてあれば、その住所に送ります。ただし勤務先が変わる場合もあるので、インターネットを使って最新情報を確認します。一方、勤務先がわからないときは出版社に出します。この場合は担当の編集者を介して著者に手紙が回るので、時間がかかる場合があります（この場合宛先は「○○出版気付□□先生」と書きます）。

　次に、企業や団体といった組織に宛てて手紙を出す場合です。企業のお客様窓口や広報部門宛てとします。しかし、適当な部署が見当たらない場合は、社長や館長といった組織のトップの方宛てにしてもよいです。ただし、手紙は社長さんから適当な部署に回されますので返信が遅れる場合があります。

　さらに、外食産業や小売業・衣料品店などのチェーン店を希望する場合です。この場合は、支店や営業所に手紙を出すのを避け、本社（東京にある場合も多いです）に手紙を出すようアドバイスします。その上で、手紙の中で「大阪に住んでいますので自宅に近い支店をご紹介いただけると幸いです」と書きます。

　また、呉服店やデザイナーなど自営的な仕事をされている方に取材する場合は、業界団体に手紙を差し上げます。そこから紹介をいただくのが安全で確実です。

質問で問われる

　計画書でも次に述べる手紙でも、インタビューの質問内容にはしっかり目を通します。なぜなら、その質問内容によってインタビュアーである生徒の問題意識や知識が推し量られるからです。どなたかへの問いは、同時に生徒自身への問いです。「本に書いてあるようなことをお聞きするのはみっともないので質問しない」と釘を刺します。また、先方が果たして回答可能な質問かどうかも考慮します。というのも、大学の先生に「その質問は専門が異なるので答えられない」と返答される場合があるからです。

　とはいえ、この計画書の段階では生徒のテーマへの意識も知識もそれほど深くはありません。計画書を書く中でゆっくりと取材への決意をかため、自分の研究分野への意識を高めていくのです。中には、返事をもらって取材が決まってから、目が覚めて頑張る、という生徒もいます。こんな場合は見当はずれのフィールドワークにならないように、しっかりした吟味が必要です。

　ちなみに、フィールドワークでは「縁故を頼らない」という方針をとっています。保護者や知人の人間関係に頼らず甘えず、自分の力でフィールドワークの扉を開いてほしいからです。

127

取材申し込みの手紙を書く

———「型通り」に書けば誰でも書ける

取材申し込みの手紙

取材の申し込みは封書です。夏休みにフィールドワークをするためには１学期中、遅くとも７月上旬にこの手紙を書き始め、月末までに投函するようにします。

また本来手紙は手書きするべきなのですが、清教学園ではWordで作成し、署名のみ手書きにしています。右ページにその基本の形を紹介します。生徒はこれをひな形として計画書をもとに手紙を書きます。

手紙に正解はないので、失礼にならなければ自由です。ただし、右の例の通りの一般的な「型」を利用して書くと、それほどおかしな手紙にはなりません。結果として、生徒の書く手紙のかなりの部分はこのひな形通りになります。

本気が伝わる手紙を書く

返事が来るのか来ないか、取材を受け入れてくれるかくれないかは、予想がつきません。しかし、成功の確率を高める手段はあります。手紙の「本気度」を上げればよいのです。先方は、手紙を読みながら、この生徒がどれほど本気なのかを見ています。特に、「どんなテーマで学んでいるのか。なぜ取材をしたいのか（動機・意義・問題意識）」と、質問内容、「これまで学んできた本」の一覧が大切です。ここでも研究の開始時に書いた企画書が役立ちますが、とにかく「こんな熱心で学びたがっている生徒さんを放ってはおけない」と思っていただければ成功の確率は高まります。

また、「これまで学んできた本」のリストは、相手に信用していただけるための大変強力な材料です。ただし、この中に取材のお相手の方の著作を入れ忘れないように注意します。

※実験・観察などを自宅で行う生徒の場合は、家族に宛てて手紙を書きます。使う器具や、場所・日時などを書いて協力をお願いします。
※手紙が２枚になる場合は結語前の本文が２枚目に入るように調整します。
※連絡先は個人情報なので保護者と相談して決めさせます。

株式会社清教水族館　担当者様

拝啓
　朝顔やヒマワリが咲き本格的な夏がやってまいりました。いかがお過ごしでしょうか。
　はじめまして。私は清教英子と申します。大阪の河内長野市にある清教学園中学校の３年生です。取材のお願いをさせていただきたいと思いお便りをさしあげます。

　私が通う清教学園中学校には「卒業研究」という授業があります。自分の興味でテーマを設定し、１年間をかけて研究して１冊の本にまとめるという授業です。そこで、以前から興味を持っていた水族館について私は学ぶことにしました。「水族館にはどのような役割があるのか」がテーマです。なぜ私がこうしたテーマを考えたのかというと……

　今回、本ではわからないことも学びたいと思い、水族館に見学に行かせていただこうと考えています。もし可能でしたら、飼育員の○○○○さんに取材させていただきたいと思っています。
　もしお話をうかがえるのであれば、次のことについて教えていただきたいと思っています。

・飼育している生き物と絶滅危惧種の関係を教えてください。
・生き物の飼育をする上で、どんなことに気をつけていますか。
・イカの水槽がとてもきれいで、時間がたつもの忘れて見入ってしまいますが、イカは自然界でもあんなふうにのんびりと泳いでいるのですか。あのような展示をしようというアイデアはどのように考えたのですか。

　８月の○～○日に友だちと二人でうかがえたらと考えています。もしよろしければ、ご都合の良い日時をお返事いただければ幸いです。お忙しいところ申し訳ありませんがよろしくお願いいたします。

敬具

2010年７月○日

清教学園中学校３年○組
清教　英子

連絡先
（自宅の電話番号・メールアドレス・住所など……）
　s****@**.seikyo.ed.jp

追伸　ご参考までにこれまで私が学んできた本を紹介します。
・日本動物園水族館協会監修『絶滅から救え！　日本の動物園＆水族館』河出書房新社
・内田詮三ほか『日本の水族館』東京大学出版会
・杉田治男編『水族館と海の生き物たち』恒星社厚生閣
・新野大『水族館のひみつ』PHP研究所

注釈

お名前は正確に。大学教授は敬称「先生」

頭語

時候の挨拶

簡単な自己紹介と取材のお願い

「どんな授業で」「何に興味を持ち」「どんなテーマで学んでいるのか」「なぜ取材をしたいのか」などを研究企画書の動機・意義を組み合わせて、なるべくたくさん書く。

質問は箇条書きで。自分の感想などを含めるとよい。

訪問可能な日を広めに示す。３日間以下は避ける

日付は左ぞろえ

結語は右ぞろえ

学校名クラス氏名は右ぞろえ

氏名は手書き

連絡先は連絡してほしい所を書く。学校で決めたメールアドレスは必ず入れる。

「これまで私が学んできた本」の一覧は自分の熱意と知識を示すので、多いほど信頼感が増す。最低４冊。

封筒の書き方

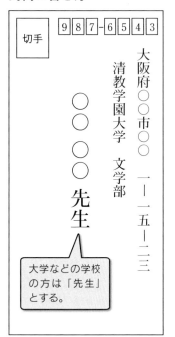

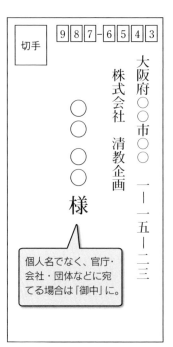

【表書き】

※社名・部署名が入る場合、(株)(有)など省略せずに正式名称で書く。住所の1行目より1字分くらい下げる。

※名前は住所より1字分下げ、封筒の中央に少し大きめに書く。

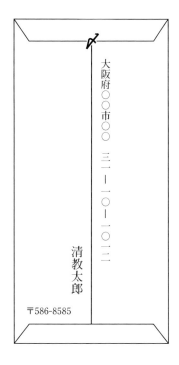

【裏書き】

※封筒の中心から右側に住所を書き、封筒の中心から左側に差出人の氏名を書く。

※差出人の氏名（＝自分の名前）は住所より少し大きめに書く。

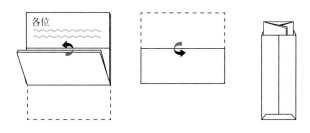

添え状を上にして、文面が内側になるよう、重ねて三つ折りする。折り直しはできない。失敗したら再度印刷する。

同封する学校からの添え状

学校からの「添え状」です。生徒の手紙の上に載せ、重ねて折って封筒に入れます。

2010年○月

各　位

清教学園中学校 総合学習担当
片岡則夫　山﨑勇気

清教学園中学校生徒による取材のお願い

拝啓　時下、ますますご健勝のこととお慶び申し上げます。

　大阪の私立清教学園中学校の「総合的な学習の時間」担当教諭、片岡則夫・山﨑勇気と申します。本校では例年、中学３年生が「卒業研究」に取り組んでおります。生徒各自がテーマを設定し、情報を集め、一年をかけて作品を完成させる授業です。

　さて、本人よりお便りさせていただきましたように、お忙しいところ唐突なお願いで誠に恐縮ではありますが、取材のご許可をいただければ幸いです。わずかな時間でもお話を伺うことができればとお願いする次第です。

　取材が難しい場合も当然あるかと存じます。それもまた生徒にとって貴重な学びの機会と考えますので、どうかお気遣いなされませんようお願い申し上げます。

敬具

追伸：お返事いただく連絡先は生徒の手紙の通りですが、ご不明な部分などがありましたらお知らせください。なお、担当者が出張等のため電話での連絡がつきにくい場合がございます。その場合、下記メールアドレスまでご連絡いただければ幸いです。

　　　清教学園中学校（総合的な学習の時間担当　片岡則夫　山﨑勇気）
　　　〒586-8585　大阪府河内長野市末広町623
　　　Tel　0721-62-6828　FAX　0721-63-5048
　　　　　　本校URL：http://www.seikyo.ed.jp/
　　　メールアドレス（片岡）：****@seikyo.ed.jp
　　　メールアドレス（山﨑）：****@seikyo.ed.jp

上に添え状・下に生徒の手紙

フィールドワークが決まるまでの実際

　手紙を書くという生活習慣が失われているだけに、封書を仕上げるのは簡単ではありません。とはいえ、申し込みの手紙を投函するとしばらくして、確認の電話やメールが学校宛てにも来るようになります。生徒が直接に取材を進めるケースも少なくありませんが、中学生という年齢から、教師が間に立って日程などを調整することもよくあります。夏休み前半はこの電話対応で忙しくなります。

フィールドワーク心得

　実際のフィールドワークは緊張の連続です。生徒たちには以下のようなアドバイスをして送り出します。

【手紙を出したら翌日から注意】

　取材申し込みの手紙を出したら返事を待ちます。返事は自分の書いたメールアドレスや電話番号に突然来ます（当然です）。せっかく先方が取材の許可をくれたのにふだん使わないアドレスだったので何日もメールに気づかなかった、という例がありました。手紙を出した翌日から緊張が必要です。

　一方で、手紙を出して1週間以上返事が来ないケースもあります。この場合は「先日お便り差し上げた○○です。再びお便り差し上げる失礼をお許しください」と催促します。これは電話かメールがよいでしょう。こうした催促は失礼にはなりません。

【断られても折れずに挑戦】

　著名な方からは「取材はマスコミ関係者に限っています」と断られることがあります。また「学生の取材希望はすべてお断りします」と断る大企業、完全無視の企業もありました。また大学の先生は、夏休みは出かけていて返事が遅れることもあります。

　断られてしまうとがっかりしてしまいますが、断られるのも勉強のうちです。取材を断られた生徒にはこんなふうに声をかけます。「それはそれでしかたがないよ。世の中、それが当たり前だから。あなたが悪いわけではないし、すぐに次の取材先にアタックしよう。そのために計画書には第二候補の取材先があるのだから。それに『この会社は断ってきた』という事実は残るから、しっかりそのことをレポートに書いておこう」

【さあ取材当日】

　取材時は制服が原則です。建物の入り口で「取材のお願いをしました清教学園中学校の□□です。○○さんにお会いしたいのですが」と言って取り次いでもらいます。待ち合わせ時間より少し早めがいいのですが、早すぎると先方を慌てさせてしまうので注意してください。早めに到着して建物などを外から撮影して時間をつぶすのがおすすめです。また、もし10分以上遅れるのがわかっているなら、電話をするのがルールです。

【インタビューは世間話から】

　お会いしていきなりのインタビューはかえって失礼です。世間話から入るのが普通です。どこに学校があって、現場に来るまでにどれだけ時間がかかったとか、自分の部活のこととかを話してみましょう。相手は自分のことを知らないのですから、自己紹介を兼ねたおしゃべりは打ち解けるためにもしてよいことなのです。

【インタビューは許可を得て録音・撮影する】

　ほとんどのスマートフォンに録音・撮影機能がついています。これを使わない手はありません。ただし必ず前もって断るのがルールです。録音や写真がまとめるときの重要な資料になるので、ここはきちんとお願いをしましょう。

【名刺をいただく】

　中学生は自分の名刺を持ってはいませんが、社会では初めてお会いする方と名刺交換するのが普通です。「名刺をいただけませんか」とお願いしましょう。インタビューの記録にはフルネームで記録をするのが原則ですし、先方の肩書きなども名刺には書いてあるのですから。

【たくさん写真を撮る】

　インタビューを始める前、建物の前から撮影を始めます。フィールドワークの報告を読む人に取材の様子を詳しく伝えるためには、写真が多い方がよいからです。中でもインタビューさせていただく方の顔写真はどうしても欲しいものですが、そんなときには「記念写真を撮らせてください」とお願いをして一緒に写真に納まるといいです。

　撮影するものは建物や人物とは限りません。時には小さな商品や文書を撮影する場合も考えられます。近づいて撮影する「接写」にもあらかじめ慣れておくとよいです。

　フィールドワークを安全に進めるために

　入念に下調べをして取材申し込みをしたとしても、フィールドワークは生徒にとって冒険です。予期しない危険もあり得ます。そのため保護者方々には、生徒の取材計画をあらかじめお知らせするとともに、安全への配慮について書面を通じてお願いをします。また中学生であることから友人同士・保護者同伴での取材を原則としていますが、取材先や生徒によってはひとりで行かせることもあります。

フィールドワークのまとめ方

フィールドワーク報告の書式

総合学習の夏休みの宿題は2,000字以上のフィールドワーク報告です。生徒には右ページのようなサンプルを示して、まとめ方をアドバイスします。

【たくさん写真を入れる】

写真は情報量が違います。なるべく自分で撮影した写真を入れましょう。そのとき注意しなければならないのは、自分で撮影した写真と、ホームページや本からいただいた写真との区別です。自分の写真なら「筆者撮影」、そうでなければ出所（出典）を明示します。また、写真の下には解説（キャプション）を入れると親切です。

【トラブルがあるほど報告はおもしろくなる】

電車が遅れて時間に間に合わなかった、道に迷った、緊張してうまくしゃべれなかった……。取材には想定外の出来事やトラブルがつきものです。こうしたドラマがある報告もまた臨場感があって魅力的です。

【追加の取材をする】

取材をさせていただいたら、再度会うのが難しくても、メールや電話を通して追加の取材をしてもいいです。

【フィールドワークで字数を稼ぐ・小見出しを入れる】

フィールドワークの報告をおもしろく書けるほど、卒業研究の文字数は跳ね上がります。「そんなにたくさん書けない」と悩んでいた生徒も取材を境に既定の文字数を超えてしまうこともしばしばです。

○○県立干潟野鳥公園訪問記（フィールドワーク報告のタイトル）

3年A組○番　清教英子

日時：201○年○月○日（10：00～12：00）
場所：○○県立干潟野鳥公園
　　　○○県△△市□□……
取材した人：公園職員　○○○○さん

> いつ・どこで・誰を取材したのかは必ずはじめに書く。

○○県立干潟野鳥公園はどんなところか

　○○県立干潟野鳥公園は19○○年に○○県の△△市に誕生した、野鳥の渡来地である干潟と生物の多様性の維持を目的とした施設です。
………………………………………………………………
………

> サイトから文章や画像を使わせていただくと、正確で見やすい。出典を忘れずに。

野鳥公園をまずはご案内

　公園の内部には……………………………………………
………

> 自分が見たこと考えたこと感じたことをしっかり記録する。

研究員○○さんへのインタビュー

○○さんと野鳥の出会い

私「はじめまして。今日はありがとうございます」
○○「いえいえ。なんでも聞いてください」
………………………………………………………………

> 話題ごとに小見出しをつけると読みやすい。

なぜ干潟が野鳥公園になったのか

私「公園が生まれたのが○○年ですがなぜ、このような野鳥の保護区が生まれたのでしょうか」
○○「そうですね。3つの理由があると思います。
…………

インタビューを終えて（まとめと感想）

　○○さんは1時間もインタビューを受けてくれました。野鳥とともにその生態系を………………
…………

> フィールドワークを終えたのちの考察や感想をまとめる。

> 「記念写真を撮らせてください」と言って撮影を。

フィールドワーク報告で読者を楽しませよう

フィールドワーク報告を充実させるには

フィールドワークでの生徒の行動力や勇気には毎年目を見張るものがあります。業界をリードするプロと何十分もお話する機会を得た、自分のために資料を作って待っていていただけた、うだるような夏の暑さの中実験をやりとげた……。

ところが、せっかくのフィールドワークもその報告にいまひとつ魅力がありません。というのも、その報告が物足りない、分量が少ないと思うケースが大変多かったからです。そこでフィールドワークを魅力的にするため、まとめの段階で以下のようなアドバイスをしました。

【情景描写がフィールドに読者を連れ出す】

しゃべったこと以外の「情景描写」も大切です。例えばある生徒のラーメン店の店長さんへの取材を例に挙げてみます。この取材はとてもよいものでした。しかし次のようなことがらが報告されていませんでした。

・取材した店の位置と外観（写真があってよい）
・取材のために通された部屋の様子。座席の配置、座った位置、内装など。
・店長さんの様子。性別・年齢・着ているもの・お顔（写真があっていい）。

こうした内容は自分にとってはフィールドワークのときに見たことですから新鮮ではないかもしれません。しかし店長さんと話すことは誰にでもできることではありませんから、小説が読者を物語の世界に連れ出すように、報告者は情景描写によってフィールドワークの現場に読者を連れ出さなければなりません。

【インタビュー報告でＱ＆Ａ（一問一答）はやめる】

Ｑ＆Ａスタイルは要点を示すのには優れています。しかし、フィールドワークの報告では、無駄に見える部分をそぎ落としてはなりません。前の項目のようにディテール（細かいこと）を思い出して書くことがむしろ大切です。質問と回答のやりとりはあっても、あえてＱ＆Ａのスタイルは避けたほうが血の通った報告になります。

【取材前の報告者の心境と雑談が大切】

質問からいきなり始まる報告が多いです。本当にそんな「質疑」から取材が始まったのでしょうか。目的としていたやりとりの前に、次のような会話や手続きがあったはずです。また、そのときの自分の心境だって報告してよいはずです。

・取材の手紙（メール）をいつどのように送ったのか。どんな返事があったのか。
・どうやって現地に行ったのか。交通機関や天気はどうだったか。
・取材が始まるまでにどんなことがあったのか。雑談はなかったのか。
・中学生がインタビューすることに相手はどんな感想を抱いていたのか。

年齢も立場も全然違う人間同士が会うのですから、こうした手続きや経過の中に、報告に値することが実はたくさん隠れています。

【録音を全部文字にし、会話に「小見出し」と「コメント」をつける】

録音をしているなら、そのすべてを一度文字に起こしてみるとよいでしょう。会話体のインタビューは臨場感があるので読むだけでおもしろいです。とはいえ、だらだらと会話が続くと、これはまた読みにくくなります。雑誌のインタビュー記事を思い出してみましょう。ただ会話が続くのではありません。話題のまとまりごとに「小見出し」がきっと入っています。1ページにいくつかの小見出しがあると読み手はとても楽です。

小見出しにはインタビューの印象的な部分を使うといいです。ラーメン店の店長さんの例でいえば「お店はひとつのチーム」「注文ひとつでお客さんの情報が得られる」などはどうでしょう。店長さんの考え方、ものの見方が端的に示されています。

また、相手の話についてあとから自分が考えたことも重要です。インタビューを打ちながらそこで考えたこと、感じたこともまた文字にしておきます。この場合は「※は筆者の考察」などと断って自分の分析や意見を挟み込むといいです。

【順序や言い回しは変えてよい】

実際にインタビューの録音を聞き直してみると、話題が脱線していることもあります。ふだんの会話とはそういうものです。しかし、インタビューを報告する場合はこうした順序や言い回しは不自然でなければ変えても構いません。趣旨が間違っていなければ、ある程度の要約や順序の言い換えは許されるのです。とはいえ、相手が言わないことをあれこれ書くのでは「捏造（ねつぞう）」になってしまいます。目安は、「インタビューの記録をご本人が読んで納得してくれるか」です。

礼状を出そう　作品を贈ろう

一般的なお礼の手紙の書き方

　卒業研究のフィールドワークではたくさんの方にお世話になります。授業では可能な限り、お礼の手紙を書いて卒業研究のコピーを添えて送ります。

　まずは取材に応じてくれた感謝の気持ちを伝え、取材時の感想などを添えます。また、研究を通じて得たこと、これから挑戦したいことなどを書き添えます。

○○○○株式会社
　部署名　○○○○様 ← フルネームで。連名でもよい。

拝啓
　クリスマスの音楽が流れる季節となりました。いかがお過ごしでしょうか。
　先日取材させていただきました、清教学園中学校の○○○○です。突然のお願いにもかかわらず、取材をさせていただき本当に有り難うございました。おかげを持ちまして卒業研究「研究タイトル：サブタイトル」を完成させることができました。本日はお礼と思い研究のコピーを同封させていただきました。

　はじめにお手紙をさしあげたときには、取材をさせていただけるのかどうか実は全く自信がありませんでした。お電話をいただいた時にはとてもうれしく、思〔用紙はA4のままでよい。文字は12ポイントの大きめが親切。〕
　○○さんにお会いできたときには、とても緊張してしまい、自分で〔　　〕のかわからないくらいでしたが、貴重なお話をたくさん伺うことがで〔　　〕がとうございました。……作品の○ページに取材でお聞きしたことを書かせていただきました。ほんの一部ですが（以下、取材時の感想、お礼）

　この研究を通じて私は○○○の努力を深く知ることができ、○○○○への興味がもっと強くなりました……。（自分が論文を通じて自分がどうかわったか）

　まだまだ至らない部分も多いと思いますが、ご一読いただければ幸いです。最後になりますが、○○様の一層のご活躍をお祈りいたします。

　　　　　　　　　　　　　　　　　　　　　　　　　　　　　　　　　　敬具
　　　　　　　　　　　　　　　　　［一行空け］
201○年○月○日
　　　　　　　　　　　　　　　　　　　　　　　清教学園中学校　３年○組
　　　　　　　　　　　　　　　　　　　　　　　　　　　　（直筆サイン）

［一行空け］
連絡先（住所・アドレスなど、自分の判断で。学校の連絡先は別紙添え状にあるので不要）

138

封書の書き方・袋詰め
- 表書きは鉛筆でバランスよく下書きをしてからペン書きする。
- 大学の教授の方などは「先生」を。企業の部署へは「御中」。
- 袋詰めは以下の順序で上から重ねる。
  挨拶文（添え状）→自分の手紙→論文本体
- ページ数が多い場合は目次とインタビュー部分のみでもよい。

封筒の宛て名の書き方

コラム　そんなことも知らんのかい？！

　封書を出すのが初めて、という生徒が毎年結構います。思わず「そんなことも知らんのかい？！」とツッコミを入れたくなったエピソードを紹介します。

○切手を手渡すと、生徒は切手に爪を立て「はがれません」。シールと勘違いをするのです。
○切手を手に「どうやって貼るのですか？」と訊かれます。「なめたらいいよ」というと、舌の先でチョンとなめて貼る生徒が後を絶ちません。不安になって後からチェックするといかにも封筒からはがれそうな切手を多数発見。スティックのりで貼らせるようにしました。
○「封をしたら持っておいで！」「先生、『フウ』ってなんですか？」
○80円の郵便料金が82円になったときのこと。「先生切手貼りました」と持ってきた封筒を見ると２円切手だけが貼ってあります。尋ねると80円切手の上に２円切手を貼ったとのこと。それで届くか？

フィールドワークを終えて

フィールドワークの経験を生徒はどう受け取ったのか

2016年度は卒業研究提出後にフィールドワークに関するアンケート調査をしました。以下に生徒の残したコメントのごく一部を紹介します。【　】内は取材先です。

フィールドワークに行って、人と一対一で話す機会ができて緊張したけれど、しっかり話せたからいい経験ができたと思った。今まで全然将来の夢とかなかったけれど今回フィールドワークに行って少し自分の将来のことについて真剣に考えてみようと思ったし、産婦人科の仕事に興味を感じた。【産婦人科医】

自分が用意した質問にわかりやすく、詳しく教えてもらって卒業研究に役立てることができそうで良かった。いまの国際関係について自分はどう思うか、これからどうなると予想されるかなど難しい質問にも答えてもらったり、卒業研究についてのアドバイスをもらったりしていい経験になって良かった。【大学准教授】

自分で手紙を送り、電話をして連絡を取り合い、緊張したが良い経験ができたと思いました。また、取材をしている中で「本に興味を持っている学生がいて、本当にうれしい」と言われ、とてもうれしかったです。また、普段見れない配架場所なども見ることができて、とてもよかったです。【図書館】

行ったことがないところにインタビューに行って、初めは緊張したけど自分の興味のあることなのですごく面白かったです。いろんな体験もさせてもらっていい勉強にもなったし、いい卒業研究ができそうです。【大学かるた会】

将来自分のなりたい職業で働いている人にインタビューすることができたので、今後の参考になった。報告書には書いてないが、自分が個人的に聞きたかったことも聞けたのでよかった。【博物館学芸員】

いい経験になった。フィールドワーク先では、卒業研究のアドバイスをしてくれたり、質問は丁寧にこたえてくれて良かったです。昔のカメラを触らせてくれたり、他の店舗にも案内してくれたり、お土産にカメラもいただいて大切に使っています。中学生だけで、梅田という遠いところまで行けて貴重な経験になりました。【カメラ店】

今回のフィールドワークの方はとても貴重な経験になった。自分自身の卒業研究の材料としても使えたし、また他人に自分だけでインタビューしたということは今後、必ず役に立つことがあると思う。インタビューに関して最初はうまくいくかと、とても緊張したけど、話しているうちにとても慣れてきて最終的には和やかないい雰囲気でインタビューできたと思う。反省しなければいけないのはインタビューの進行にとても手間がかかったことが挙げられる。【道の駅】

一方で、取材された方々の感想も様々です。「中学生でこんなことをするのはすごいですね」という驚きとともに、「今までこんな取材を受けたことがなかったので、とてもうれしく思っています」、「若い方に興味を持っていただいてうれしいです」、「中学生はこんなことまでしているんだね。頑張って」といった感謝や励ましの言葉も生徒から多く報告されています。

また、「これまでこんな取材を受けたことがないので、こちらからも最後にインタビューをやらせていただけますか」と逆に取材をされたり、取材の様子の社内報への掲載を希望した企業もありました。

さらに、ある大学の先生は「アメリカの母親が日本の母親と違い、自分の子どもに何を強く求めるかという質問で『好奇心』と答えたということを例に挙げて、中学生がいろんなことに興味を持ち、それぞれに自分が調べてみたいと思うことについてしっかりと調べ、そのことについて知識を深めていくことはいいことだ」と、生徒に向けて言ってくださいました。

こうした多くの感想に示されるように、フィールドワークが生徒に豊かな経験をもたらしているのは間違いありません。

探究学習のためのキーワード総索引

　この索引の目的は子どもが「○○を知りたい」と言った場合に、適当な本やチャートに行き着く手助けをすることにあります。したがって子どもがいきなり口にしそうにない単語は除きました。

　監督（野球）監督（映画）のように同じ単語が別々の項目で出るような場合、あるいはその語単独ではどんな分野の言葉なのかがわかりにくい言葉(例：カメラマン（映画））の場合は（　）内に項目名を入れました。

　太字は本書で項目とした人気のテーマそのものを示しています。

C

CMキャラクター　70

D

DNA　90

DNA鑑定　90

F

Facebook　112

I

iPS細胞　90

L

LCC　24

LINE　112

N

NBA　34

R

RNA　90

S

SNS依存　112

T

Twitter　112

あ

アーケードゲーム　32

アイコン　70

アクセシブルデザイン　64

アトピー　80

アトラクション　20

アニマルセラピー　66

アニメ（声優）　78

アニメキャラクター　70

アポロ11号　116

アルツハイマー型認知症　42

アンデルセン　102

伊賀　56

池田屋事件　94

石垣　44

イソギンチャク　92

遺伝子　90

イルカ　72

イルカショー　72

イルカセラピー　72

隕石　116

インターネット　112

インフルエンザ　108　　か

ウイルス　108

ウエディングプランナー　84

ウォルト・ディズニー　20

宇宙飛行士　116

腕時計　22

栄養学　52

栄養素　52

衛星　116

エメラルド　54

演技力　78

遠視　62

オーケストラ（吹奏楽）　82

オーケストラ（トランペット）　114

オーディション　78

オーデコロン　88

オードトワレ　88

お金　76

沖田総司　94

お見合い　84

温泉　28

温泉街　28

温泉法（法律）　28

オンラインゲーム　32

介護　42

会社　48

介助犬　40

回転ずし　60

学生服　18

火山活動　28

カストーディアル　20

家畜衛生　66

楽器（吹奏楽）　82

滑舌　78

合戦　44

カッター　26

カッティング　54

家庭用ゲーム　32

カビ　50

株　48

株式市場　48

株式投資　48

株取引　48

株主　48

がん　104

韓国コスメ　100

管制官　24

感染症　108

棋界　59

儀式　84

喫茶店　38

機内食　24

機能性化粧品　100

きのこ　36

着物　18

キャスト　20

キャビンアテンダント　24

キャラクター　70

キャラクター（ゲーム）　32

キャラクター商品　70

救援・支援活動　46

嗅覚の仕組み　88

京都守護職　94

禁煙　104

金管楽器　114

近視　62

金融　48

菌類の生態　36

空港　24

クジラ　72

靴　86

クラゲ　92

クラシック・バレエ　110

グランドスタッフ　24

グリム兄弟　102

グリム童話　102

車いすバスケ　34

クレジットカード　76

クローン　90

軍楽隊　82

軍事費　46

訓練士（盲導犬）　40

警察犬　40

ゲーム　32

ゲーム機　32

ゲーム業界　32

ゲームソフト　32

ゲーム脳　32

ゲームビジネス　32

劇団　78

消しゴム　26

化粧　100

化粧品業界　100

結婚　84

結婚式　84

月食　116

月齢　116

ゲンジボタル　96

剣術　94

鍵盤楽器　74

憲法改正　46

憲法9条　46

コイン　76

抗インフルエンザ薬　108

甲賀　56

航空会社　24

口承文学　102

香水　88

香水びん　88

交通ルール　30

鉱物　54

コウモリ　68

香料　88

コーディネート　18

コーヒー　38

コーヒーベルト　38

国防　46

戸籍　84

子どもの喫煙　104

古墳　98

駒　59

暦（月）　116

暦（時計）　22

婚姻届　84

コンタクトレンズ　62

近藤勇　94

コンパス　26

さ

災害救助犬　40

債権　48

錯覚　62

殺処分　66

サプリメント　52

サンゴ　92

サンリオ　70

自衛隊　46

ジェンダー　106

潮の満ち引き　116

紫外線　80

視覚障がい　40

色覚　62

しきたり　84

嗜好品文化　104

自転車 30

自動販売機 104

紙幣 76

シャープペン 26

獣医 66

獣医師 66

シューズ（バスケットボール） 34

シューフィッター 86

将棋 58

証券会社 48

証券取引所 48

定跡 58

情報化社会 112

情報端末 112

食用きのこ 36

視力 62

城 44

新型インフルエンザ 108

心筋こうそく 104

人工宝石 54

新選組 94

神話 116

水生生物 96

吹奏楽 82

吹奏楽（トランペット） 114

水族館（イルカ） 72

水族館（クラゲ） 92

スーツ 18

スキンケア 80

すし 60

すし職人 60

ストリートバスケ 34

スポーツ栄養学 52

聖ヴァレンタイン伝説 106

整備士 24

制服 18

声優 78

生命工学 90

世界遺産 98

絶滅危惧 72

洗顔 80

戦国時代 44

泉質 28

装飾品 54

尊王攘夷 94

た

ダイエット 52

対局 59

体調管理 52

ダイヤモンド 54

太陽暦 22

体力づくり 52

タバコ 104

タンギング 114

誕生石 54

チーズ 50

チェンバロ 74

超音波（イルカ） 72

超音波（コウモリ） 68

調香師 88

聴導犬 40

諜報 56

調律 74

チョコレート 106

ツーリング 30

月 116

角笛 114

詰め将棋 58

ディズニー 70

ディズニーランド 20

テーマパーク 20

電子マネー 76

145

天守　44

電動自転車　30

湯治　28

トウシューズ　110

冬虫夏草　36

動物園　66

動物看護師　66

動物実験　66

時計　22

屠畜　66

ドライアイ　62

トランペット　114

鳥インフルエンザ　108

な

ナレーション　78

ニキビ　80

日米安全保障条約　46

日食　116

日本銀行　76

乳製品　50

入浴法　28

忍者　56

忍者屋敷　56

認知症　42

任天堂　32

ネタ（すし）　60

は

バイオテクノロジー　90

焙煎　38

配当　48

ハイヒール　86

ハイブランド　18

パイロット　24

白内障　62

はさみ　26

バスケットボール　34

肌　80

肌の構造　100

働く犬たち　40

発酵食品　50

発光生物　96

発声　78

服部半蔵　56

埴輪　98

パピーウォーカー　40

バリアフリー　64

バレエ　110

バレンタイン商戦　106

バレンタインデー　106

盤上遊戯　59

ピアニスト　74

ピアノ　74

ビオトープ　96

飛行機　24

土方歳三　94

筆記具　26

ヒトゲノム　90

姫路城　44

日焼け　80

日焼け止め　80

美容　80

病原体　108

美容法　100

疲労回復　52

貧血予防　52

ファストフード　60

ファッション　18

ファッション（宝石）　54

ブーツ　86

副葬品　98

ふたご　90

ブランド（化粧）　100

ブランド（ファッション）　18

ブランドイメージ　70

振り付け　110

ブレスコントロール　114

プロポーズ　84

分煙　104

文化財保護　98

文房具　26

ヘイケボタル　96

ペットロス　66

ペロー　102

防衛省　46

防衛政策　46

防衛大綱　46

宝石　54

放置自転車　30

ボール（バスケットボール）　34

ポケットモンスター　32

保健所　66

戊辰戦争　94

ホタル　96

ま

マーチング　82

埋葬　98

マウスピース　114

マウンテンバイク　30

まちづくり　64

松本城　44

麻薬探知犬　40

未成年者喫煙禁止法　104

民族衣装　18

ムダ毛処理　80

目　62

銘柄（株式）　48

名棋士　58

メイク法　100

めがね　62

メルヒェン街道　102

メンデルの法則　90

盲導犬　40

毛髪　80

モダン・バレエ　110

や

ユニバーサルサービス　64

ユニバーサルデザイン　64

ユニフォーム　18

ユニフォーム（バスケットボール）　34

ゆるキャラ　70

ら

予防注射　108

乱視　62

離婚　84

流行　18

旅客機　24

レジオネラ菌　28

老化　42

ロードバイク　30

ロードレース　30

わ

ワクチン　108

わさび　60

和時計　22

147

おわりに

「なんでも学べる図書館」への道はつづく

10代の「探究心カタログ」

この本のもととなったのは少年写真新聞社のサイト、「SeDoc」の連載です。ランキング上位のテーマは連載時から約4年が経過しています。そこで改めて本の流通を調べると3割がすでに品切れや絶版になっており、本の寿命の短さを痛感しました。

一方で、現代の中学生の興味を持つキーワードと書籍を本書でふたたび紹介することができました。前著と合わせて100テーマ、さらにその後の「SeDoc」の連載30回を合わせて全130テーマと本が公開されています。繰り返しになりますが、子どもたちが興味・関心を持つテーマは無限ではなく、驚くほど多様でもありません。清教学園ではこの130テーマでおよそ半分のテーマがカバーできます。つまり子どもの関心の多様性は学校図書館が予算をつけて努力し、公共図書館を利用すれば、かなりの分野で支援が可能なのです。この「10代の好奇心カタログ」がみなさんの目の前の子どもたちに役立つことを祈るばかりです。

インターネットを利用しないのですか?

「調べる学習ならインターネットを使わないのですか」という質問をいただきます。インターネット活用を否定はしていません。実際に作品の中にインターネット上の情報があげられていることも多いです。しかし、詳述するスペースはありませんが、清教学園の中学の総合学習ではインターネットを授業中はそれほど利用しません。

理由の一つは、再現性が保証できる、編集や校閲を経た信頼できる情報に中学生がたどりつくのはやさしくないからです。また、インターネット上の情報の出典を研究に書く手続きが煩雑だからです。

子どもたちはいずれインターネットを活用して学びます。その前段階として、図書館の利用と、情報源への評価の眼を身につけてもらいたいのです。また図書の利用と引用・出典の記述を通じて、記述を利用させていただいた発信者への、敬意と感謝の表し方を知ってほしいのです。

学ぶ熱意を持った中学生に世間は温かい

　さて、本書の実践報告はフィールドワークに焦点を当てました。彼らの経験の豊かさを示すにはページ数が足りません。しかし、生徒たちの多くの取材から言えるのは「学ぶ熱意を持った中学生に世間は温かい」ということです。相手をしてもメリットはほとんどないにもかかわらず、時には数時間にわたってインタビューに答えていただき、本当によくしていただきました。

　本書の執筆にあたり、授業に参加した清教学園中学校の約2,000名の卒業生、フィールドワークでお世話になった各方面の皆さまに感謝します。また、インターネット上の「SeDoc」の連載「生徒の使いたい本はこれ！」からお付き合いいただき、各出版社との折衝に心を砕いていただいた少年写真新聞社の藤田千聡さんに心よりお礼申し上げます。

〈清教学園リブラリア〉

清教学園中・高等学校の図書館。本書を含む図書館を核とした探究的な学習の実践に対して、第44回（2014年度）学校図書館賞（主催：日本学校図書館振興会・公益社団法人全国学校図書館協議会）において、11年ぶりとなる大賞が授与された。

執筆者紹介
片岡則夫（かたおか　のりお）

清教学園中・高等学校　探究科教諭　学校図書館リブラリア館長
東京学芸大学大学院教育学研究科修了。著書に『情報大航海術：テーマのつかみ方・情報の調べ方・情報のまとめ方』（リブリオ出版,1997）『子どもと本をつなぐ：学校図書館の可能性』（岩波書店，1999，高橋元夫氏との共著）『クックとタマ次郎の情報大航海術：図書館からはじめる総合学習・調べ学習』（リブリオ出版,2001）等がある。図書館振興財団主催「図書館を使った"調べる"学習コンクール」審査員、日本図書館情報学会、日本図書館研究会、日本学校図書館学会、科学読物研究会会員。

南百合絵（みなみ　ゆりえ）　清教学園中・高等学校司書教諭
山﨑勇気（やまざき　ゆうき）　清教学園中・高等学校司書
岡崎真実（おかざき　まみ）　清教学園中・高等学校司書

「なんでも学べる学校図書館」をつくる2
ブックカタログ＆データ集

2017年10月31日　初　版　第1刷発行
編　著　片岡 則夫
発行人　松本 恒
発行所　株式会社 少年写真新聞社
〒102-8232
東京都千代田区九段南4-7-16
市ヶ谷KTビルI
TEL 03-3264-2624　FAX 03-5276-7785
URL http://www.schoolpress.co.jp/
印刷所　図書印刷株式会社
©Norio Kataoka ほか 2017 Printed in Japan
ISBN978-4-87981-623-8　C3037

スタッフ　編集：藤田 千聡　DTP：服部 智也　校正：石井 理抄子　イラスト：井元 ひろい　装丁：櫻井 敦子　編集長：野本 雅央

本書を無断で複写・複製・転載・デジタルデータ化することを禁じます。
乱丁・落丁本はお取り替えいたします。定価はカバーに表示してあります。